Levantarse y luchar

Levantarse y luchar

Cómo superar la adversidad con la resiliencia

RAFAELA SANTOS

conecta

Primera edición revisada y ampliada: septiembre de 2021

Impreso en Mexico - *Printed in Mexico*

ISBN: 978-84-17992-41-5

Depósito legal: B-9.058-2021

Dedico este libro a todos los que, habiendo
sufrido grandes adversidades,
han sabido reconstruirse y volver a empezar
para que sigan siendo testimonios
de esperanza

Y también a todos aquellos que buscan
sentido a su vida y se encuentran ante
la dificultad, para que crean en la
victoria y luchen

Índice

Prólogo a la nueva edición

Es para mí un honor prologar este libro, *Levantarse y luchar. Cómo superar la adversidad con la resiliencia*, que, además de constituir un sencillo y necesario manual de cómo afrontar la vida de una forma más positiva y controlar nuestras emociones para poder ser, por tanto, los dueños de nuestro presente y futuro, confirma que la resiliencia es garantía de éxito.

Personalmente pude comprobar que así es. Me identifico con cada una de las ideas que aquí leerán.

Dicen las estadísticas que vamos a sufrir dos o tres acontecimientos traumáticos a lo largo de nuestra vida. El ser humano, por naturaleza, tiene un resorte de supervivencia que, ante desgracias que pueden parecer insalvables, desarrolla comportamientos ejemplares para no quedarse estancado en ese insoportable dolor y salir airoso de lo que a priori parece irreversible. Es la capacidad humana de asumir con flexibilidad situaciones límite y sobreponerse a ellas.

La resiliencia es la capacidad que todos (¡todos!) tenemos para mantenernos inquebrantables frente al infortunio o la desgracia.

En nuestro caso, no tuvimos otra opción que elegir este beneficioso camino tras un atentado que a punto estuvo de acabar con la vida de mi madre (por entonces cuarenta años) y la mía (doce). Ambas perdimos partes de nuestro cuerpo (ella un brazo y una pierna, y yo las dos piernas y tres dedos de una mano), pero decidimos que ese día, que celebramos cada año, volvimos a nacer, y decidimos también perdonar para poder seguir viviendo. De esta forma, el hecho de seguir vivas se convirtió en un regalo que no dejamos de agradecer. La otra gran decisión de nuestra vida fue ver solo lo positivo. Pues bien, esta que tienen en sus manos tendría que ser lectura obligada para todo el que venga a compartir nuestro mundo, para crecer interiormente y mejorar. Así, aprendiendo a saltar obstáculos, a levantarnos y luchar, contagiándonos felicidad, queriéndonos y siendo dueños de nuestros sentimientos, no habría víctimas ni verdugos, sino convivencia en plena armonía.

Quizá les ayude este libro también a conocerse y a comenzar el camino hacia la mejor versión de ustedes mismos, empezando por la actitud. Nosotros elegimos nuestras actitudes, ya que podemos decidir con qué emociones nos quedamos: hay que focalizarse en lo adecuado y positivo para atraer acciones y personas positivas.

Alimentar nuestra autoestima es un trabajo constante y diario, y se consigue enfocándonos en nuestras posibilidades, logros, pensamientos positivos.

También es vital mantener ese entusiasmo que nos impulsa a la acción, a seguir luchando, a levantarnos una y mil veces. Porque aunque la vida a veces no sea nada fácil, siempre merece la pena vivirla. El amor es el gran motor sin el que nada tiene sentido. También la solidaridad, la generosidad o la serenidad son ejes fundamentales en la vida de cualquier persona. Por eso este libro es primordial, porque nos acerca a nuestro primer objetivo: ser inasequible al desaliento, para saber que se puede superar lo que venga y dejar el miedo a un lado; así es cómo podremos ser felices y después poder hacer felices a los demás. Ahí es donde radica la felicidad.

Como beneficiaria de una actitud y unos pensamientos positivos (sin duda la clave de una vida plena a nivel familiar, laboral y deportiva), pero también como psicóloga (con posgrado en Psicología Positiva), les animo a leer estos testimonios, a detectar su malestar y aliviarlo optimizando su interior y mejorando su actitud. Y eso es algo en lo que vale la pena invertir, ya que cada vez vivimos más años y hemos de hacerlo en las mejores condiciones posibles. La vida es una eterna lucha y aquí hemos venido a eso, a luchar. Aunque haya etapas de tregua, hay que estar en guardia siempre y, sobre todo, con nuestra mejor actitud.

En este libro podrán encontrar las claves para afrontar con fortaleza constructiva cualquier adversidad que la vida les depare, como ahora nos ha ocurrido con la pandemia de COVID-19 que, como punto de partida, nos ha alineado a todos —personas, empresas, equipos— en un propósito común, una nueva visión: construir un mejor mundo que pasa por innovar y avanzar. Esto se consigue con:

- **Actitud** proactiva y positiva.
- **Vocación de servicio**, porque liderar es servir.
- **Humildad**, porque empezamos todos de cero y eso significa un renacimiento.

Estos tres elementos son básicos para vencer el miedo, el ego y la mala actitud.

Gracias, Rafi, por tus valiosísimas enseñanzas, y ¡exprimamos la vida con valentía y resiliencia!

Gracias por enseñarnos a vivir.

Irene Villa
Madrid, 2021

Prólogo

La sociedad se ha psicologizado; cualquier acontecimiento de la realidad social, si se analiza en profundidad, tiene un trasfondo psicológico. Dos de las disciplinas médicas que más han crecido en los últimos años en Occidente han sido la psiquiatría y la cirugía estética, lo que nos revela los cambios sociales ocurridos en estos inicios del siglo XXI.

Y al mismo tiempo vivimos tiempos de extravío. Hemos pasado de una sociedad sólida a otra líquida. Muchas cosas y muchos hechos actuales flotan difusos, etéreos, zigzagueantes, se mueven de aquí para allá de forma caprichosa, y es menester encontrar el sentido y la explicación de lo que está sucediendo.

La vida viene sin manual de instrucciones. Por eso la vida enseña más que muchos libros, es la gran maestra. Pido que un millón de personas de los cuarenta y cinco que forman la población de nuestro país, España, sean capaces de contagiar unas gotas de optimismo. El pesimismo llama al pesimismo y la capacidad de superación hace brotar el optimismo. Hay que educar para el esfuerzo, para la lucha, para ser capaces de vencernos a nosotros mismos e ir sacando poco a poco lo mejor que llevamos dentro. Aquí viene este libro de la doctora Santos para aclararnos muchas de las cuestiones que pongo sobre el tapete. Incluso el mismo título, *Levantarse y luchar*, es una declaración de principios.

El bombardeo continuo en la sociedad de la información de noticias negativas se vuelve abrumador. Casi todo lo que nos llega en la prensa escrita y hablada está repleto de desaliento. No debemos olvidar que las noticias positivas son escasas, si exceptuamos el fútbol u otros acontecimientos deportivos y alguna que otra inauguración.

Últimamente se han hecho muchos trabajos de investigación con rigor que explican qué es la felicidad y cómo vivir sin estrés. Recientemente se ha afirmado que el país más feliz del mundo es Colombia, una tierra llena de vida y energía, donde la gente está en la calle y vive en el ahora. Tengo delante algunas escalas de conducta que miden la felicidad, que son instrumentos diseñados para calibrar de forma científica en qué consiste esta y cuáles son los principales ingredientes que se hospedan dentro de este concepto. Una de las primeras fue diseñada por el inglés Argile en 1989, a la que luego han seguido varias investigaciones. En ellas se miden el sentido positivo de la vida, la satisfacción, la realización personal, la alegría de vivir, así como la salud física personal y la salud ecológica del país donde uno reside o el ritmo de vida.

El libro que presento está dividido en siete capítulos. En cada uno de ellos late un tema específico: el dolor, el trauma, lo que quita la felicidad y el miedo, forman los cuatro primeros; los que restan tienen una expresión terapéutica: construir la resiliencia, saber que los límites de nuestra capacidad de superación de las adversidades están solo en nuestra mente, y termina el último capítulo del libro con un programa de entrenamiento para ser una persona con un buen nivel de resiliencia.

Bien, lo primero que tenemos que determinar es en qué consiste la resiliencia. La palabra procede del latín, *resilio, -ire*: «saltar, compensar»; es un muelle que se hunde hasta abajo y que después salta y recupera su extensión. Es un concepto que inicialmente proviene de la física y que se refiere a la capacidad de los metales para doblarse sin partirse. También asoma en la ingeniería, el mundo animal, la traumatología y la psicología, que es de lo que trata este libro. Resiliencia «es la capacidad para superar las dificultades y los reveses de la vida, sin quedarse atrapado en el sufrimiento y el dolor, y salir fuerte y airoso de esa vivencia». No hablamos de cualquier cosa. Su paternidad está en Michael Rutter y se prolonga con Boris Cyrulnik.

Es un error educar para el éxito y la felicidad. La felicidad es un resultado, es suma y compendio de la vida auténtica, y el éxito siempre es relativo, porque significa haber alcanzado un nivel de resonancia social alto, aunque hay que preguntarse qué precio ha habido que pagar para llegar a esa cima. Hay que educar para el esfuerzo, la lucha deportiva, el espíritu de superación, templar la conducta para crecerse ante las dificultades. Esto es lo que explica la doctora Santos recurriendo a ejemplos reales como los de Bosco Gutiérrez, Jose Villela, Jorge Font, Tim Guénard, Anne-Dauphine, Teresa Silva y algunos otros resilientes. Su idea es construir la resiliencia.

Desde Hans Selye conocemos mejor cómo se produce nuestra reacción al estrés: en los comienzos se produce una alarma, viene a continuación la fase de resistencia y culmina con la fase de agotamiento. Pero las investigaciones más pioneras han puesto de relieve la importancia de la percepción personal como ingrediente clave para tener una respuesta que sea positiva, creativa, que nos empuje a superar ese evento duro, inesperado y que anuncia una derrota. Pondré algunos ejemplos históricos a lo largo de estas breves páginas para que el lector vaya de la anécdota a la ley general.

Desde el siglo XVIII, con la Ilustración, empezó a hablarse con cierta fuerza de la felicidad, con tres grandes temas asomando: libertad, igualdad y fraternidad. Estas tres condiciones debían procurar la felicidad a la población, y al mismo tiempo se institucionaliza la razón; los instrumentos racionales se convirtieron en herramientas para llegar a cierto grado de bienestar.

La reacción contraria apareció en el siglo XIX, cuando se produjo un giro copernicano con el Romanticismo, la exaltación de los sentimientos y las pasiones. Y apareció una concepción de la felicidad más centrada en la afectividad. Durante el siglo XX, lo ilustrado y lo emocional han ido paralelamente, como siguiendo cada uno su propio sendero, y el resultado no ha sido bueno. En las últimas dos décadas del siglo XX asoma un cambio de dirección, la necesidad de ensamblar a la vez corazón y cabeza, sentimientos y razones, lo afectivo y lo intelectual.

Hay algunos casos históricos de cómo el ser humano puede ser feliz a pesar de las adversidades de la vida en grado sumo, y quiero subrayar ejemplos estelares de personas que han sabido afrontar situaciones muy duras saltando por encima de ellas y consiguiendo buenas dosis de eso que llamamos ser feliz. Los ladrones de la felicidad asoman por doquier, pero si tienes las ideas claras no podrán contigo, porque más importante que la fortaleza es la capacidad de adaptación. La felicidad es una forma positiva de mirar la realidad; es una óptica especial que criba lo negativo y tira de lo positivo hacia arriba. Es un saltar airoso sobre los obstáculos. Así vemos historias poderosas como la de Tomás Moro, Solzhenitsin, Boris Cyrulnik, Van Thuan, Nelson Mandela y Vaclav Havel entre otros.

Tomás Moro murió en 1535 en la cárcel de Londres, donde un verdugo le cortó la cabeza. Era abogado de profesión y mano derecha de Enrique VIII. El rey se separó de su mujer y se casó con la de su hermano Arturo, Catalina de Aragón, cuando este murió. Hoy sabemos que ese monarca tuvo muchas mujeres y, con toda seguridad, que fue un manual de psiquiatría ambulante, cuando en esa época no existía esta disciplina médica. Tomás Moro murió solo, arruinado y en la cárcel, y en sus últimos escritos nos habla de la paz interior y de la felicidad. ¿Cómo es posible que un hombre en estas circunstancias dijera que se sentía feliz? En sus últimas palabras afirmó: «Muero amigo de rey y fiel a mi Dios».

La felicidad no depende de la realidad, sino de la interpretación de la realidad que uno hace. Tomás Moro murió por sus ideales, por su sentido profundo de la vida. Inglaterra no ha tenido un personaje de esa talla moral en los últimos cinco siglos y que haya dejado una huella tan decisiva en las siguientes generaciones.

Otro personaje que no quiero dejarme es Alexander Solzhenitsin, un hombre excepcional que nació en el Cáucaso. En 1945 fue detenido por «delitos de opinión», ya que fue interceptada una carta suya en la que hablaba mal de Stalin y Lenin. Fue deportado a un campo de trabajo donde estuvo durante ocho años. Una vez fuera de allí, reconstruyó todo lo que había vivido y escribió en la clandestinidad sobre el Gulag, que era el nombre de la red de campos de castigo soviéticos. Su obra es un documento monumental en el que cuenta minuciosamente la vida en la industria penitenciaria en los tiempos de la Unión Soviética. Su primer libro lo escribió allí directamente: *Un día en la vida de Ivan Denisovich*, donde cuenta lo que hacía en una jornada en ese lugar de crueldad. Su disección se convierte en un viaje a través del miedo, del dolor, de la muerte..., con los que el comunismo acalló cualquier disidencia. Este libro estremeció los cimientos del comunismo ya que relató el horror que vivieron millones de personas. En muchas páginas de su *Archipiélago Gulag* habla de la felicidad. ¿Cómo puede un hombre asomarse a la ventana de la felicidad en esas condiciones infrahumanas? La respuesta está en el sentido de su vida: él sabía por lo que luchaba y quería contribuir a derrocar un sistema que nació de forma romántica, buscando justicia social, y terminó siendo demoledor. En 1970 recibió el Premio Nobel de Literatura.

Quiero contar también el caso del judío francés Boris Cyrulnik. Nació en Burdeos en 1937 y perdió a su familia en el campo de concentración de Auschwitz. Tenía seis años cuando logró escapar por debajo de la verja, y pasó varias semanas vagando por el campo hasta llegar a una granja de beneficencia. Al final terminó acogido en una familia que le ofreció cariño, alegría de vivir y pasión por la lectura. Él quería estudiar, ser médico y psiquiatra. Y fue consiguiendo las tres cosas. Es uno de los padres de la resiliencia, concepto tomado de la física, de la capacidad de los metales para chocar con otros objetos sin partirse o sin ser fracturados. Toda su teoría es que por muy mala que haya sido la infancia y los sufrimientos padecidos y las carencias que hayamos tenido, nuestra vida no está escrita, sino que dependemos de la capacidad que vayamos desarrollando para superar esas adversidades. En su libro *El patito feo* nos habla de esto, de superar frustraciones, heridas, descubriendo el sentido de la vida, la motivación por la que nos crecemos ante las dificultades. De esta manera él rompió el mito de que un niño maltratado cuando crece ha de ser un maltratador, y utiliza la leyenda del patito feo que cuando creció se convirtió en un cisne. La resiliencia nos habla de la capacidad para sacar fuerzas de donde parece no haberlas y extraer una lección positiva de una experiencia traumática, como he comentado anteriormente.

La resiliencia es equilibrio entre la persona y los factores de riesgo de su entorno. Los niños resilientes son capaces de desarrollar positivismo mental, autoconfianza y simpatía hacia los que sufren, volcándose con ellos para ayudarlos. Eso les convierte en adultos responsables, capaces de alcanzar los objetivos que se propongan.

Quiero referirme a otro personaje menos conocido que los anteriores, pero por el que tengo gran pasión, el vietnamita Van Thuan. Este sacerdote católico pasó nueve años solo en una celda, donde cualquier persona habría perdido la razón y se habría convertido en un vegetal, y cuatro años más con presos comunes. Fue detenido en 1975. Soportó con paciencia las penurias de la cárcel durante esos nueve años y las llamadas terapias de reeducación comunista, que en él no hicieron el menor efecto. Se hizo amigo de los carceleros y les dio lecciones de humanismo.

En sus dos libros, titulados *Testigos de esperanza*, que es el más importante, y *Cinco panes y dos peces*, nos habla de esos años, que fueron decisivos para él, y nos explica que a pesar de no tener nada, se sentía libre interiormente y feliz con ese tipo de vida que le había tocado.

Se reitera, pues, la idea central que he mantenido a lo largo de estas líneas, esto es, que la felicidad es una forma de mirar la realidad, según la óptica de las ideas y creencias que habitan dentro de nosotros. Si el amor es la poesía de los sentidos, la inteligencia es la nitidez de la razón. La felicidad es estar contento con uno mismo al comprobar que se lucha por ser auténtico. La felicidad es un estado de ánimo positivo, de alegría y gozo interior, al comprobar que uno ha hecho en la vida el mayor bien posible y el menor mal consciente.

Querido lector, tienes delante de ti un libro sugerente, claro, preciso, con testimonios de personas que han recibidos golpes serios en la vida y han sido capaces de darle la vuelta a los argumentos. La doctora Santos ha sabido hilvanar un texto que invita a la reflexión y muestra cómo crecerse ante los mil y un avatares que nos pueden suceder en la vida. Lo que te hace crecer como persona son las derrotas bien asumidas, aceptadas y configuradas por dentro en el mapa del mundo personal. Esta psiquiatra española ha sabido dar con la fórmula adecuada para ir tejiendo un tapiz psicológico, en el que se graba a fuego aquella máxima latina: «Nihil difficile volenti»; nada es difícil, si hay voluntad. No hay obstáculo que no pueda ser vencido si la voluntad está fortalecida... Sin olvidar la fe.

Enrique Rojas, catedrático de psiquiatría
y director del Instituto Español de
Investigaciones Psiquiátricas de Madrid

Introducción

Largo es el camino de la enseñanza por medio de
teorías, breve y eficaz a través del ejemplo.

SÉNECA

El término «resiliencia» hace relativamente poco tiempo que
empezó a difundirse más allá del ámbito científico. Sin embargo, en la actualidad, desgraciadamente, está poniéndose de moda
debido a las situaciones límite que muchas personas se ven obligadas a afrontar.

Después de los acontecimientos traumáticos derivados del
atentado terrorista del 11-S en Nueva York y por la creciente espiral de violencia que padecemos, desde la Sociedad Española
de Especialistas en Estrés Postraumático (SETEPT) —fundada
en 2001— observamos un considerable aumento de la vulnerabilidad en las personas que hace que se cronifiquen los miedos
internos y se vea modificada la psicobiología cerebral.

Desde esa perspectiva de la neurociencia, muchos especialistas llevamos trabajando más de una década, con excelentes resultados, en el desarrollo de la resiliencia, entendida como la capacidad que tiene cada persona para poder afrontar las circunstancias más adversas. Y hemos comprobado que el daño provocado por el hecho de no aceptar la adversidad y, por tanto, de no saber adaptarse suele ser más pernicioso que las propias causas.

Mi interés por este tema en particular se remonta a una visita que realicé hace casi veinte años, junto con otros compañeros psiquiatras, a una empresa farmacéutica de Munich. Allí nos explicaron los experimentos que se llevaban a cabo en el laboratorio, en los que provocaban estrés en diminutos roedores para forzar el desarrollo de la resiliencia.

Impulsada por la pasión y la curiosidad científica de descubrir los misterios más oscuros de la naturaleza, empecé a madurar la idea de aplicar al desarrollo de la personalidad lo que aprendí en esa visita, con la creencia de que la esperanza nos hace resilientes.

Aquellos investigadores descubrieron que podían aumentar la resistencia natural en animales de laboratorio si estos habían tenido una experiencia positiva anterior. El experimento consistía en introducir un ratón en un bidón con agua para que nadara en busca de la salida. El animal daba vueltas y vueltas hasta que, agotado, no podía continuar y se hundía. Vieron que todos ellos aguantaban, aproximadamente, unas cincuenta vueltas. El siguiente paso fue introducir en el bidón una ramita rugosa cuando uno de los ratones estaba a punto de abandonar, exhausto, la búsqueda. El animal trepó a la ramita y se vio a salvo. Pasados unos días, y una vez recuperado del estrés sufrido, volvieron a introducirlo en el mismo bidón. El pobre animal repitió la operación pero esta vez aguantó hasta quinientas vueltas antes de rendirse. Multiplicó por diez su resistencia. No se abatió antes porque sabía que existía una salida.

Esto, en realidad, tiene mucho que ver con la esperanza del ser humano, quien, como el ave fénix, posee la capacidad para renacer de sus cenizas, para reinventarse, porque su potencial es enorme, aunque lo desconozca.

Los sueños y la felicidad recorren la misma senda. Si bien los sueños unas veces se cumplen y otras no, la felicidad depende en gran medida de mantener la ilusión por alcanzarlos. Lo ideal es acortar, día a día, la distancia entre lo que vamos consiguiendo y lo que deseamos. Se trata, en suma, de vivir sabiendo, como decía Platón, que lo importante es llegar, no el tiempo empleado en conseguirlo. Esto podemos aplicarlo en el ámbito personal y también en el profesional, y nos permite respirar tranquilos.

Poco a poco, con nuestras acciones, nos convertimos en lo que deseamos ser. Pensar que podemos nos abre la puerta de lo posible. Lo contrario supone echar el cerrojo a cualquier probabilidad de éxito. Por eso, pensar en lo que podemos conseguir, y olvidarnos de lo difícil que resulta, ha de convertirse en nuestra forma de vivir, sin miedo al fracaso e ilusionados con el futuro.

Es aquí, precisamente, donde entra en juego la resiliencia, es decir, la capacidad que todos tenemos —y que podemos desarrollar— para afrontar las dificultades de forma constructiva y, de este modo, lograr los recursos creativos que nos permitan seguir siendo productivos a pesar de haber sufrido un proceso traumático. Hoy en día, quizá más que nunca, es necesario desarrollar esta cualidad y aprender a sacar impulso después de las caídas. Es importante saber que tenemos muchas capacidades que no se desarrollan hasta que las circunstancias nos obligan a ponernos al límite.

Actualmente, la crisis financiera mundial, y por ende la española, nos ha sobrevenido a los ciudadanos de a pie casi por sorpresa, y ha motivado un conjunto de situaciones (pérdidas de trabajo, cambios en el nivel de vida, inseguridad sobre el futuro, etc.) que hacen que nos sintamos más vulnerables al no saber gestionar positivamente esta «nueva» circunstancia.

Cuando no se consiguen los objetivos que nos proponemos, puede aparecer un sentimiento de frustración acompañado de cambios de humor, irritabilidad y cansancio, así como sentimientos de incapacidad y de pérdida, o de baja autoestima, que frecuentemente se confunden con la depresión y, al mismo tiempo, van reduciendo nuestros deseos de superación y apagando nuestras motivaciones.

Desde el punto de vista clínico, sabemos que muchas depresiones son reacciones psicológicas producidas por la falta de adaptación ante algún conflicto difícil de superar, y podemos anticipar que, estadísticamente, a lo largo de la vida todos vamos a tener que afrontar dos o tres acontecimientos traumáticos que nos pondrán a prueba (la muerte de los padres o de otras figuras significativas, la dureza de una enfermedad crónica o degenerativa, algún revés económico grave o emocional, pasar por algún momento de mayor sufrimiento por su crudeza o violencia, situaciones de especial soledad o abandono. Excepcionalmente también podemos sufrir un ataque terrorista, un secuestro o una catástrofe natural). En esas circunstancias, se observa que algunas personas sobreviven y crecen mientras que otras se amargan y sucumben. El problema no está tanto en el suceso traumático como en el modo de afrontarlo, es decir, en nuestra propia respuesta.

Aprender a vivir es una asignatura difícil y necesita puntos de referencia. Actualmente, disponemos de mucha información, pero carecemos de criterios para seleccionar lo que es realmente importante. Por ese motivo es preciso tener modelos de identidad que nos transmitan lo atractivo del esfuerzo cuando se trata de alcanzar metas.

En este libro cito los testimonios de algunas personas para que sirvan de inspiración. Si bien no son personas excepcionales, todas son grandiosas. Son héroes y heroínas de carne y hueso, con una vida normal, que lucharon y vencieron. No se consideran víctimas de un drama sino protagonistas de un relato épico en el que la adversidad fue su punto de partida. Los llamamos «héroes» y «heroínas» porque, pudiendo haber sucumbido, aprendieron a levantarse. Conoceremos sus experiencias en primera persona, y las enseñanzas que se deducen de ellas serán la mejor aportación de este libro.

Viktor Frankl y Bosco Gutiérrez explican cómo lograron sobrevivir a un largo cautiverio. Con algunos empresarios atrapados en los negocios aprenderemos a iluminar la estancia, aunque tengamos que movernos en la oscuridad de la noche. Sabremos, de la mano de José Villela, lo que significa renacer, y caminaremos sin perder la brújula gracias a deportistas como Ismael Santos, ex jugador del Real Madrid. Incluso podremos adaptarnos a las nuevas circunstancias como han hecho Teresa Silva y Jorge Font, porque, al igual que sucede en el deporte de competición, la vida es una lucha constante. Esto lo sabe muy bien Rafa Nadal, por su férrea voluntad de volver a lograr el éxito a pesar de sus graves lesiones físicas. También lograrán conmovernos, sin duda alguna, el testimonio de Tim Guenard, abandonado y maltratado en la infancia, y la entereza con que Anne-Dauphine bebió con una sonrisa el trago amargo de una adversidad tras otra, o cómo Martha Rivera asumió con naturalidad que debía conciliar la vida cotidiana con la enfermedad.

En todas estas personas subyace una personalidad resiliente. Su actitud permanente ante las dificultades es la de levantarse y luchar, y por ello han podido afrontar la adversidad y salir fortalecidas. Aunque cada caso es distinto, tan diferente como las estrellas del firmamento, la esencia es la misma: todos responden brillando como un faro de esperanza que se enciende en el sombrío panorama de la tempestad actual. Todos nos muestran un camino de superación que hace posible continuar con la propia vida, porque, si ellos lo han logrado, nosotros también podemos hacerlo.

Este libro es para ti, para que puedas enfrentarte a la vida, crecer y ser punto de referencia para otros. No esperes a sufrir una tragedia para hacerte resiliente. La resiliencia no debe reducirse a las personas acuciadas por determinadas circunstancias, sino que es una actitud a desarrollar en nosotros mismos y en nuestro entorno, procurando vivir siempre de forma fructífera aunque tengamos el viento en contra. Contra corriente es avanzar plantando cara al viento.

Como comprobarás a lo largo de este libro, la vida es algo más que una carrera de velocidad sin sentido para conseguir la felicidad inmediata, porque, con frecuencia, eso nos hace perder la perspectiva. Pero la felicidad, tomando lo que William Faulkner dijo de la sabiduría suprema, es «tener sueños lo bastante grandes para no perderlos de vista mientras se persiguen».

En definitiva, el mensaje positivo que quiero hacer llegar es el siguiente: no se trata de huir de la adversidad sino de saber afrontarla. Tenemos que entrenarnos, no para el éxito, como se ha hecho en las últimas décadas, sino para el esfuerzo, y dejar que aflore lo mejor que hay dentro de nosotros. Esto es una carrera de fondo en la que no hay que perder de vista la meta y, como bien sabe el verdadero atleta, detrás de la brillante agilidad de movimientos que parecen naturales y espontáneos se esconde un entrenamiento disciplinario y repetido en el que contar con la constancia es vital.

Mi deseo como psiquiatra, acostumbrada a presenciar el sufrimiento humano, es que con estas páginas consiga motivar a mis lectores y lectoras a encontrar las claves de una felicidad más genuina y estable, así como facilitar el descubrimiento y el desarrollo de la fortaleza interior que, con absoluta seguridad, tienen pero desconocen. Solo entonces me daré por satisfecha.

Hacienda de Montefalco,
5 de agosto de 2012

1

El dolor no destruye

Entender la resiliencia y el papel que desempeña en nuestra vida no es fácil, por eso queremos mostrar cómo se construye, contando historias de héroes anónimos. Si ellos lo consiguieron, tú y yo también somos capaces de lograrlo. A través de sus testimonios nos enriqueceremos y aprenderemos a ser más fuertes y... ¡comprenderemos que podemos!

Cuando nos llegan noticias de personas que triunfan o son capaces de superar un terrible accidente, una enfermedad o un suceso trágico, pensamos automáticamente que son diferentes. A veces empleamos la expresión «es un fuera de serie», y así infravaloramos nuestra propia capacidad, aunque en realidad formamos parte de esa «serie» a la que pertenece esa persona a quien consideramos distinta.

Hasta que las circunstancias no nos llevan al límite, desconocemos la resistencia que tenemos, y creemos que estamos hechos de otra pasta y no poseemos el talento que admiramos en esos individuos.

El ser humano tiene la posibilidad de «autodiseñarse» y ser lo que se propone ser. Contamos con un potencial gratuito y de alta gama, y para pasar de la potencia al acto, del dicho al hecho, debemos realizar un entrenamiento continuo. Pero esto requiere libertad y esfuerzo, y solo así pasaremos del deseo a la acción y de la acción a la repetición hasta que se convierta en hábito. Ahí está la diferencia entre ser un campeón y tener solo talento. Necesitamos querer algo y empeñarnos en conseguirlo.

El concepto de «resiliencia» proviene de la física de los materiales, un tema que conocen muy bien los ingenieros y los arquitectos. Cuando estos trabajan con distintos materiales, miden su resiliencia, es decir, la capacidad que tiene cada uno de ellos de absorber y almacenar energía —y recuperar así su estado original— después de soportar un impacto o una fuerza deformadora.

Este concepto va más allá de las definiciones que da el Diccionario de la Real Academia Española de la palabra «resistencia»: «capacidad para resistir» o «causa que se opone a la acción de una fuerza».

Si nos quedáramos exclusivamente con el concepto de «resistencia» frente a la desventura, estaríamos olvidando una parte muy importante de la actitud humana que queremos resaltar. Porque no se trata solo de resistir con fortaleza y paciencia situaciones límite —que ya es mucho—, sino también de saber sobreponerse a ellas y salir fortalecidos de la experiencia.

Hemos podido comprobar que las personas que han desarrollado actitudes resilientes saben afrontar las dificultades sin miedo, por lo que son más estables anímicamente. En este sentido, podemos afirmar que la resiliencia promueve la salud mental y emocional, y nos aporta calidad de vida y felicidad.

Entender la resiliencia

La palabra resiliencia (del latín *resilio -ire*) significa «rebotar, saltar, comprimirse como un muelle y recuperarse», y tiene varios significados, dependiendo del contexto en el que se utilice:

- En **ingeniería** se habla de la resiliencia de un material para medir su capacidad de absorber energía antes de comenzar a deformarse plásticamente.
- Para la **traumatología** la resiliencia es la capacidad del tejido óseo de crecer en sentido correcto después de una fractura.
- La **biología** define las criaturas resilientes como aquellas que pueden adaptarse al ecosistema y a los cambios que ocurren en él, y sobrevivir en situaciones difíciles.

De todas estas definiciones se deduce que la resiliencia es la propiedad de la materia que se resiste a la destrucción y, por tanto, tiene mucho que ver con la flexibilidad. Cuanto más duro es un material, más frágil resulta, y en el caso de las personas podría decirse que sucede algo parecido: cuanto más rígido es alguien, más vulnerable resulta ser.

El concepto de resiliencia fue introducido en el ámbito de la psicología por Michael Rutter (1970) y popularizado por Boris Cyrulnick, a quien se considera el padre de la resiliencia por trabajar estos conceptos desde su propia experiencia, al haberse criado en varios orfanatos y ser un superviviente de un campo de concentración. Cyrulnick la define como la capacidad de superar tragedias o acontecimientos muy traumáticos, sabiendo integrar esas experiencias para poder vivir satisfactoriamente, y concluye con rotundidad afirmando que «no hay herida que no sea superable. El ser humano es capaz de tejer desde los primeros días de su existencia la resiliencia, que le ayudará a superar los traumas inhumanos».

El desarrollo del concepto de resiliencia en este ámbito también ha generado matices a la hora de usarlo en uno u otro contexto:

- Para la **psicología clásica** la resiliencia está muy relacionada con la capacidad de recuperación ante crisis emocionales.
- Para la **psicología positiva** la resiliencia es la capacidad de recuperación y de crecimiento postraumático.

- Según la **neurociencia**, la resiliencia es la capacidad para afrontar una situación adversa, superarla y salir fortalecido.

Asimismo, se puede afirmar que una mentalidad resiliente prepara a la persona o a la organización para hacer frente a los cambios y las adversidades futuras, potencia la capacidad de adaptación al cambio y facilita el constante crecimiento personal o colectivo en cualquier circunstancia.

Recientemente, la Real Academia Española ha aprobado la inclusión en el Diccionario (como avance de la vigésima tercera edición) de la palabra «resiliencia», definida como la «capacidad humana de asumir con flexibilidad situaciones límite y sobreponerse a ellas».

Persona y personalidad

No debemos confundir «persona» con «personalidad». *Persona* es una palabra latina que significa «careta o máscara», y equivalía al término griego *prósopon*, que era la máscara del actor en el teatro clásico. Por tanto, *persona* equivaldría a «personaje».

Los actores del teatro griego de la Antigüedad usaban unas máscaras que les servían tanto para representar la fisonomía del personaje que encarnaban como para proyectar y amplificar sus voces y aportar mayor representatividad.

Precisamente por esta última función, la máscara se llamaba *persona*, ya que la palabra deriva del verbo *per-sonare*, que significa «sonar mucho» (la partícula *per* refuerza el significado de *sonare*, «sonar»). Finalmente, se pasó a llamar *persona* a los actores que usaban esas máscaras.

La personalidad podemos decir que es la tarjeta de presentación del individuo. Es algo individual y específico de cada uno de nosotros. Se va modelando a lo largo de la vida a partir de los rasgos temperamentales heredados, a los que se suma el carácter que desarrollamos a través de la educación, los valores, las costumbres y las experiencias vitales. Todo ello nos deja huella y se manifiesta exteriormente en nuestra forma de ser, pensar, sentir y actuar; en definitiva, refleja nuestra personalidad. Lo que vemos desde fuera es la conducta de una persona, pero a través de su comportamiento habitual nos hacemos una idea de cómo es.

Con todo, la personalidad es dinámica y puede cambiar para bien o para mal con el tiempo, porque no todo lo bueno se conserva sin esfuerzo y lo malo puede cambiarse a voluntad. Por la misma razón, no se puede hablar de resiliencia como algo absoluto y medible, que se tiene o no, ya que se trata de un proceso dinámico que surge de las cualidades del individuo en relación con las circunstancias de su historia vital.

Ante la adversidad: ¿resistencia o superación?

Hace más de diez años, desde la Sociedad Española de Especialistas en Estrés Postraumático (www.setept.org) empezamos a estudiar de qué manera tratar correctamente el trauma y cómo ayudar a superarlo. Hasta entonces se abordaban las secuelas producidas por un impacto grave que modifica la psicobiología del sujeto, que deja una huella indeleble, difícil de borrar, y que generalmente rompe la trama biográfica de las personas que, según esa perspectiva, estaban rotas por dentro.

Posteriormente vimos que, en ocasiones, el acontecimiento traumático, en lugar de tener efectos destructivos, fortalecía a esas personas, haciéndolas más resilientes. Y nos planteamos otro enfoque desde el desarrollo personal. Así nació el Instituto Español de Resiliencia, que considera que cada uno es protagonista de su vida y puede elegir su opción: bien convertir la caída en impulso, o bien ignorar el desafío y convertirse en víctima de su fracaso. Por eso, desarrollar esta competencia que llamamos «resiliencia» es de vital importancia para superar los acontecimientos adversos sin quedar marcados de por vida y para seguir aspirando a ser felices.

Para estudiar la personalidad resiliente, hemos entrevistado a personas que sufrieron un trauma y se fortalecieron, e hicieron un balance existencial para adaptarse a la nueva situación y, a partir de ahí, encontraron sentido a su vida y lograron que esta fuera más productiva, con mayor motivación y satisfacción personal. Algunos de los protagonistas de este libro nos lo cuentan en primera persona.

Los que son resilientes tienen una personalidad madura y estable, que es la aspiración básica de todo ser humano. Para llegar a tenerla, es necesario lograr el equilibrio entre los tres aspectos que configuran el motor del desarrollo personal: la inteligencia, los sentimientos y la voluntad. Los tres deben crecer armónicamente, porque si uno de ellos asume el mando a expensas de restar protagonismo a los otros dos, se produce una inclinación que afecta a la salud mental.

Cuando se otorga protagonismo a los sentimientos en detrimento de la razón y la voluntad, se cae en un sentimentalismo vacío de inteligencia, que puede desequilibrar la vida. Cuando la razón se lleva a un extremo haciendo que la vida se torne rígida, el racionalismo ensombrece nuestra existencia, que podría quedar vacía de afectos y llena de imposiciones. En el tercer caso, aun siendo muy importante la voluntad, si no va acompañada de inteligencia emocional, la vida se vuelve obligación. En ninguno de los tres supuestos se logra una salud mental que sirva como base para una vida plena y satisfactoria. Debemos evitar cualquiera de estos tres -ismos (sentimentalismo, racionalismo y voluntarismo) y permitir que cada uno de esos tres motores del desarrollo tenga su propio espacio.

No podemos construir la resiliencia si no partimos de una personalidad bien estructurada, porque es algo que se construye sobre las virtudes.

Bosco Gutiérrez: volver a nacer

Su historia ha logrado conmover al mundo y se extiende viralmente a través de YouTube. Durante nueve meses su alma de arquitecto se enfrentó al reto más grande de su vida: edificar un espacio interior lo suficientemente sólido para convertir un zulo en un lugar habitable, en el que poder ejercer su libertad interior y volver a sentirse persona.

¿Cómo se vive cuando se sobrevive? ¿Qué impacto tiene sobre el individuo pasar por situaciones traumáticas como un secuestro, un acto terrorista, una agresión física, un desastre natural, un episodio de violencia doméstica o un accidente? En definitiva, ¿cuál es la repercusión de un suceso en el que ve peligrar la propia integridad física? ¿Cómo afrontar de manera correcta un episodio tan difícil de borrar y que, generalmente, rompe la trama biográfica? La respuesta a estas y otras preguntas las hallé en la experiencia de Bosco Gutiérrez.

El día que conocí a Bosco Gutiérrez, me dijeron que era uno de los arquitectos del World Trade Center de Ciudad de México, donde me encontraba para tener una reunión con empresarios interesados en el tema de la resiliencia. A pesar del salvaje tráfico de esa inmensa urbe, llegué puntual a su estudio de arquitectura, donde debíamos encontrarnos. Bosco me recibió amablemente, con su esposa Gaby y dos de sus nueve hijos que vinieron a saludarme. Nos sentamos y empezó a contarme lo que le había sucedido:

Todo sucedió una mañana al salir de misa. Me dirigía a mi auto que dejé aparcado cuando, de pronto, un brazo me agarró fuertemente por detrás. Pensé que un amigo me gastaba una broma. Pronto supe que no era así. Me dieron un golpe seco para dejarme inconsciente y me metieron en la parte de atrás de un coche, tumbado boca abajo. En ningún momento perdí la consciencia. Me tiraron sobre el piso y noté que ponían sus pies sobre mi espalda, y arrancaron.

Bosco había nacido y residía en México D. F. y, en el momento de ser secuestrado, estaba casado, tenía siete hijos y era un arquitecto de éxito. La huella que le dejó el secuestro fue tan profunda que han tenido que pasar más de diez años para que aceptara explicar con todo detalle su traumática historia.

La experiencia de Bosco se publicó en el libro titulado *257 días*, pero aquí he preferido transcribir el vívido relato de lo que guarda en su memoria, que tuve el privilegio de escuchar personalmente.

Encuentro con uno mismo

Con treinta y cuatro años, y en el mejor momento de su carrera, Bosco pasó de ser un hombre de éxito que estaba diseñando su futuro a encontrarse en condiciones muy precarias, desnudo y en manos de extraños. A partir de entonces, su vida experimentó un cambio radical, tanto en el plano personal como en el profesional.

Al principio, Bosco pensó que pronto pagarían su rescate y regresaría a casa. De hecho, sus guardianes lo obligaron a darles los datos personales y financieros de los miembros de su familia, bajo la amenaza de que no los volvería a ver más. Bosco hizo todo lo posible por evitarlo, pero finalmente tuvo que ceder, pues pensó que esa podía ser la razón por la que las negociaciones para su liberación no avanzaban. Después de entregarles la información, se sintió muy mal, despreciable, porque se consideraba un traidor, consciente de haber puesto a los suyos en una situación comprometida.

A partir de ese momento, el aislamiento, el paso de los días y la falta de referencias le hicieron perder la noción del tiempo y la esperanza. Y llegó un momento en que se hundió y no quería seguir viviendo.

Las cuatro etapas del proceso: adaptarse, sobreponerse, recuperarse y superarse

El día de la Independencia de México, el 16 de septiembre, Bosco llevaba más de un mes retenido contra su voluntad. Entonces, según me explicó, sus secuestradores, temiendo por su vida, le ofrecieron un estímulo para tratar de animarlo:

> Nunca me hablaron los secuestradores. Ese día me mostraron un cartel que decía: «¡Viva México! Hoy es 16 de septiembre». Esta noticia puso en marcha mi GPS y pude situarme en el tiempo; estaba perdido y fui consciente de que no habían pasado tantos días desde mi secuestro. Ahí comencé, sin saberlo todavía, a luchar por sobrevivir; pasé al contraataque. Hasta entonces había estado en estado de shock y totalmente abatido.

Después de pasar por los primeros estados de rebelión, enfado, rabia, angustia, tristeza y miedo, la persona resiliente comienza —como le sucedió a Bosco— un proceso de adaptación que tiene unas etapas muy definidas:

1. Adaptarse es aceptar la nueva situación. Es aceptar vivir de manera diferente. Es decirnos a nosotros mismos: es duro y difícil, pero voy a seguir viviendo. No se trata propiamente de la resignación, sino de algo más, de mirar hacia la meta. Quien tiene un porqué soporta cualquier situación.

2. Sobreponerse. Es no dejarse dominar por la pena, la culpa o el error, y mirar hacia el futuro con esperanza.

3. Recuperarse. Es mantener el esfuerzo y la lucha a contracorriente, con dosis de perseverancia y actitud positiva que apunta a la superación.

4. Superarse como experiencia aprendida. Las personas resilientes tienen mayor equilibrio emocional frente a las situaciones de estrés y soportan mejor la presión. Esto les proporciona una sensación de control frente a los acontecimientos y mayor capacidad para afrontar retos.

La persona inteligente tiene capacidad para adaptarse y responder adecuadamente a las circunstancias en cada situación, por muy dura que esta pueda ser. Así pues, Bosco, del mismo modo que había sabido discernir entre lo que en su vida lo acercaba o lo apartaba de su objetivo primordial y decidir libremente, en su nueva situación se vio obligado a buscar recursos que le ayudaran en ese proceso.

Poco tiempo antes del secuestro fui con mi padre a visitar a un amigo suyo, alguien muy importante en México y que nosotros consideramos muy inteligente. Tuve la oportunidad de preguntarle: «Don Antonio, ¿qué es la inteligencia?». Y, sin vacilar, me contestó: «Es la rapidez en adaptarte a las circunstancias». Allí, en el zulo, me venían recuerdos muy prácticos, y cuando me torturaba pensando qué podía hacer, me venía este recuerdo y concluía: si quiero ser inteligente, tengo que adaptarme. Y me lo repetía mil veces: Bosco, estás secuestrado y lo inteligente es que te adaptes.

Así fue como empezó a ser dueño de sí mismo, a ser consciente de su dignidad por encima de las circunstancias. A partir de entonces decidió construir su espacio interior, cimentándolo en la roca fuerte del amor a sus seres queridos.

Me venían muchos recuerdos de familia. Mi padre siempre ha sido para mí un referente. En el año 1982, en un día pasó de tener muchísimo dinero a perderlo casi todo. Somos catorce hermanos, seis varones y ocho mujeres. No lo vimos nunca triste. Decía que no somos dueños sino administradores de nuestros bienes. Él no quería tener nunca más de siete trajes. «¿Para qué quiero más si no me los voy a poder poner?» Y cuando se compraba uno nuevo, sacaba otro del armario. Nunca tuvo más que dos relojes, uno para hacer deporte y otro más elegantito. Cuando se murió y fuimos los hijos a repartirnos las cosas de mi padre como recuerdo, no tenía nada, lo había ido regalando todo. Vivía con una gran sobriedad.

Y para reconstruir su existencia, Bosco elaboró un plan que, si bien era sencillo, ponía el acento en tres aspectos fundamentales que recuerda perfectamente:

- Liberarse de la angustia para mantener la salud mental.
- Hacer ejercicio y cuidar la alimentación para preservar la salud física.
- Mantenerse activo para aprovechar el tiempo.

A Bosco le costó adaptarse al nuevo espacio, que era muy reducido: un zulo de apenas 3 x 2 metros. Para poder reflexionar, y comprender mejor su situación, escribió ocho mandamientos que tenía siempre a la vista, de modo que pudiera seguirlos a cada minuto. Bosco los recordaba así:

1. Acotar la imaginación, que es la loca de la casa. No dar vueltas a lo que me pasa; perjudicaré mi salud y no lograré nada.
2. Inteligencia práctica, que es adaptarme a las circunstancias.

3. Lo más importante es mantener la fe. No discutirle; Él sabe más que yo lo que me conviene.

4. No puedo hacer nada más que esperar pacientemente. Esto durará lo que Dios quiera.

5. Aprovechar para rezar por los que quiero y crecer en el sacrificio y el abandono.

6. Pensar en cuánta gente sufre más que yo en este momento. Yo estoy bien aquí, no me falta de nada…

7. Cada día que pasa es un día menos. Sacaré propósitos prácticos para ser mejor a mi regreso y, entre tanto, para mantenerme en plena forma.

8. Ser optimista. No he de desesperar y debo desterrar los pensamientos negativos.

Bosco comprendió que debía mantenerse en forma. Sin embargo, ¿cómo se hace deporte en un zulo? Él contesta, sin dudarlo, que con imaginación y fortaleza mental. Acababa de correr el maratón de Manhattan cuando fue privado de libertad tan violentamente. Después, en el zulo, corrió cuarenta y dos maratones estáticos en el mismo pedazo de suelo.

Me acordaba de mi hijo Bosco, que entrenaba conmigo para el maratón. Cuando un día le pregunté: «¿No te cansas?, me contestó: «No, papi, porque cuando me canso cierro los ojos y sigo corriendo». Esas palabras de mi hijo de ocho años me han servido a lo largo de mi vida. Cuando me canso, cierro los ojos y sigo corriendo. Y también se lo digo a mis amigos ahora, cuando vienen a verme porque están en crisis por el trabajo o por cualquier causa… Les digo: «Cierra los ojos y sigue corriendo». Si te distraes, no avanzas. Céntrate en lo que quieres, pero tienes que estar en acción.

Mientras la mayoría de la gente corre despavorida para huir de sus problemas, Bosco corría para enfrentarse a ellos, pero cada día que pasaba procuraba mantener la esperanza porque sabía que siempre es prestada. Al final, logró escapar.

Después de nueve meses encerrado logré escapar... No fue fácil, pero se dio la oportunidad y la aproveché poniendo en práctica todo lo que había pensado hasta entonces. Pasé 257 días de cautiverio, observando cada movimiento de los cinco guardianes, esperando ese momento.

En toda esta historia, subyace una pregunta: ¿podemos quejarnos cuando llega la adversidad sin saber que esta puede servirnos para ser mejores personas?

Bosco Gutiérrez no quiere olvidar esa experiencia y, desde entonces, todo lo vivido ha iluminado incluso sus proyectos profesionales, como expresa en esta metáfora: «La biblia de mi arquitectura es la Alhambra de Granada, que guarda la riqueza para dentro y hacia fuera muestra sobriedad».

Su familia es su coraza, de un hormigón indestructible, contra la que rebota la sinrazón del secuestro. ¿Cómo «exportar» este material de obra, tan eficaz y de calidad, para construir una sociedad más humana? Bosco no duda al contestar:

Gracias a lo que me pasó, me hice mejor. En mi secuestro descubrí la eficacia del paso a paso. Y de no dejar de correr. Hay una oleada de contravalores que intentan destruir los pilares de la ética humana, como un tsunami que arrasa todo lo que encuentra en el camino. Hemos de tender la mano a las personas de nuestro alrededor y, juntos, reconstruir la convivencia desde valores comunes, firmes como la roca.

Bosco alude a las enseñanzas que extrajo de *Los cuatro acuerdos*, un libro basado en la filosofía de los toltecas: «Sé escrupuloso con tu palabra; no te tomes nada como algo personal, ni las alabanzas ni las ofensas; no hagas suposiciones: vive intensamente el día a día; pon lo mejor de ti cada día». Y concluye: «Ten confianza, pero no dejes de luchar con fe, optimismo y perseverancia».

Por una de esas ironías de la vida, Bosco, antes de ser secuestrado, pronunció una conferencia en Los Ángeles en la que afirmaba: «La arquitectura es más que un espacio donde vivir. La buena arquitectura es la que surge de un profundo pensamiento, de un silencio, del estudio de la luz y de la sombra, del conocimiento ante cómo reacciona cada materia, de la preocupación del arte de la creación». Durante su secuestro meditó acerca de cada palabra del título de aquella conferencia, «La riqueza del espacio interior», que él había construido sobre la fe en Dios y el amor a su familia, algo tan necesario como un campamento base para el alpinista que pretenda escalar el Everest.

El concepto de libertad interior lo explicó de una manera muy inteligible Viktor Emil Frankl (1905-1997). En 1941, siendo ya un conocido psiquiatra, decidió no escapar a la persecución del nazismo contra los judíos y acompañar a su familia al campo de concentración de Auschwitz. Ignoraba que allí, al estar expuesto al límite de su capacidad de sufrir, haría su mayor descubrimiento, esto es, que la grandeza del hombre radica en su interior. A partir de ese pilar, construyó su fortaleza para resistir, pues comprendió que podían quitarle todo menos su libertad interior, la cual podía ir mucho más allá de lo que él pensaba. Frankl sobrevivió al exterminio y a la pérdida de su familia —su mujer, sus padres y un hermano—, y su figura encarna la esperanza en medio de la desolación. Él lo expresó así: «Si no está en tus manos cambiar una situación que te produce dolor, siempre podrás escoger la actitud con la que afrontes ese sufrimiento».

Desde su liberación en 1945, Frankl se convirtió en un símbolo de resiliencia, en toda una autoridad a la hora de devolver la esperanza a los que han pasado por experiencias trágicas en su vida. Ese conocimiento lo llevó a desarrollar una terapia psicológica para sobreponerse al sufrimiento y creer en que un futuro mejor es posible. A esto lo llamó «logoterapia», y se basa en la capacidad de descubrir un sentido a la existencia.

Tuve la suerte de poder escuchar a Viktor Frankl en una conferencia en Madrid pocos años antes de que falleciera. En esa ocasión explicó que fue el sufrimiento en el campo de concentración lo que le permitió explorar su interior y saber que el hombre, por más que llegue al fondo del sufrimiento, siempre puede esperar la luz al final del túnel. Este descubrimiento y su experiencia lo convirtieron en uno de los padres de la psiquiatría.

Frente a la grandeza de este enfoque del ser humano, en la actualidad se ha instalado en nuestra sociedad la cultura de la queja, que supone un empequeñecimiento de nuestras posibilidades de superación. Y las personas que no están acostumbradas al esfuerzo se vienen abajo ante la menor frustración. Suelo llamar a las quejas «ladrones de la felicidad» porque, teniendo el potencial para la superación, nos debilitan y nos roban la posibilidad de lograr el éxito y de sentirnos satisfechos.

Toni Nadal me contaba que, cuando empezó a entrenar a su sobrino Rafa, el famoso tenista, siendo este todavía un niño, lo acostumbró al esfuerzo. Cuando quería beber agua durante los entrenamientos, le decía: «Aguanta un poco más, aguanta un poco más…», porque sabía que tendría que competir en partidos largos, y fortalecerse así era fundamental.

Los componentes esenciales de la resiliencia se apoyan en dos pilares: la resistencia a la destrucción y la capacidad para construir sobre los factores adversos. A partir de ahí se va entretejiendo la habilidad para resolver problemas; elaborar estrategias; cimentar el sentido de autoeficacia que nos empuja a pensar: «No sé cómo, pero saldré de esta»; desarrollar la capacidad para distanciarnos de las condiciones negativas, y fabricar expectativas de futuro.

En mi larga experiencia profesional sobre el estrés postraumático he comprobado que las personas resilientes necesitan un punto de apoyo para darle sentido a lo que les sucede y buscar una salida. Por ejemplo, en el caso de Bosco, la fe desempeñó un papel importante, pues no podía engañarse a sí mismo basándose en algo que no soportara la carga.

¿Y si todo lo que me han enseñado es mentira? Necesitaba saber en qué creer en esas condiciones y creer de manera radical. Decidí someterme a la prueba de ponerme en blanco para creer o no creer. Me forcé a ese planteamiento y me decía: «Olvídate de todo lo que te enseñaron y toma una decisión personal». Era consciente de que la muerte podía estar muy cerca de mí, y solo valía lo verdadero y lo que decidiese. Di muchas vueltas y, cuando pasaron tres días de vivir ateo, me pregunté: «¿De verdad crees?». Y la respuesta que experimenté fue una gran confianza en la providencia de Dios, aunque seguía en manos de aquellos individuos. Son cosas difíciles de explicar, pero he tenido momentos de gran felicidad en aquel zulo. Una vez aceptado este planteamiento de fondo, ya nunca más tuve miedo.

Ese aprendizaje ayuda a gestionar la incertidumbre y el riesgo como algo relativo, pero depende en gran medida del punto de apoyo que cada uno consiga tener. Como en el caso de Bosco, hemos podido observar en muchas personas resilientes que, cuando aceptan sin rebelarse la adversidad que no pueden cambiar, experimentan una serenidad en el abandono, desconocida hasta entonces, compatible con el sufrimiento, que se percibe como felicidad. En la superación también se apaciguan los miedos. En cambio, lo que provoca mayor daño psicológico es rebelarse ante la situación no encontrando sentido al sufrimiento. Este miedo a sufrir es el principal síntoma de la neurosis.

El poder de la fragilidad

El dolor es el gran arquitecto de la vida. Nos va construyendo mediante éxitos y fracasos, alegrías y tristezas, aciertos y errores, que van esculpiendo la existencia humana con el cincel del sufrimiento.

Pero el dolor no destruye al hombre, sino, como decíamos, lo hace la falta de sentido. Cuando no se tiene un porqué, es muy difícil asimilar el dolor. Por este motivo, las personas resilientes siempre encuentran un punto de apoyo, que, como decía Arquímedes, les sirve para mover el mundo.

Si entendemos que nadie sobre la tierra se libra del dolor —porque forma parte de nuestras vidas— y que lo importante es encontrarle sentido, ¿por qué nos cuesta tanto aceptarlo y lo rehuimos? Es como el comportamiento del niño que quiere escapar del pinchazo de la vacuna del médico porque desconoce que es la solución para curarse. En una sociedad hedonista, que busca el placer y evita el dolor a toda costa, esto es un desafío. Todo lo que vale la pena cuesta esfuerzo, y el éxito y el fracaso son la cara y la cruz de la misma moneda. Por ese motivo, querer huir o evitar el sufrimiento propio o ajeno es perder la oportunidad de crecer y fortalecerse.

En la actualidad observamos que el ser humano se ha hecho más vulnerable que nunca, y permanece instalado en la comodidad del sofá de su casa. Ha crecido en la cultura del «me apetece», de rehuir el esfuerzo y complacer el estímulo inmediato, y no ha aprendido a tolerar ni la mínima frustración, por lo que se incomoda cuando no tiene a su alcance lo que desea. Pero el dominio de los apetitos es básico para desarrollar una personalidad madura que sepa regular esas respuestas emocionales, y aportará equilibrio y señorío al gobierno de uno mismo.

La hora de la voluntad

Desear y querer son dos actitudes diferentes. Desear algo que nos apetece se apoya en los sentimientos. En cambio, cuando se quiere algo, interviene la voluntad. La voluntad es lo que mantiene y determina nuestra conducta para conseguir el objetivo propuesto a pesar de las dificultades, no dándonos por vencidos cuando los resultados tardan en aparecer. Solo el que sabe aplazar la recompensa desarrolla la voluntad.

La voluntad es la capacidad para hacer algo que supone esfuerzo sin obtener un fruto inmediato; se trata de un largo proceso que empieza en la infancia y va dando resultados a lo largo de toda la vida.

¿Es lo mismo hacer lo que quieres que querer lo que haces? El secreto del éxito está en saber distinguir entre ambas opciones. Cuando quiero lo que hago, me siento libre aunque me cueste esfuerzo. En cambio, hacer lo que quiero en cada momento, aunque sea un signo de libertad, en el fondo nos va esclavizando porque nos dejamos llevar por el capricho del momento sin ejercitar la voluntad. Esto supone contar en el futuro con una personalidad débil y sin recursos.

Cuando voy dando pasos para conseguir lo que me he propuesto, me siento bien porque soy dueño de mí mismo y estoy alcanzando lo que planifiqué como objetivo. Este resultado, a la vez, mantiene la motivación que es la representación anticipada de lo que deseo conseguir en mi vida personal. Sabemos que la persona que tiene voluntad puede llegar más lejos que otra que quizá tenga más inteligencia, porque la voluntad es la clave para hacer realidad los proyectos.

La fuerza de las creencias.
Técnicas de afrontamiento ante el 11-S

Bosco tenía la certeza de que escaparía de su cautiverio. No sabía cómo, pero confiaba en que se le presentaría la oportunidad. Desde que recuperó la confianza, no pasó ni un solo día sin estar en guardia, a la espera de un indicio que le anunciara que había llegado el momento de escapar. Lo tenía todo preparado para actuar y conseguir su objetivo: recuperar la libertad.

Esta es la experiencia personal de Bosco, pero nuestra sociedad también ha vivido en conjunto situaciones que pusieron a prueba la resiliencia de los ciudadanos; por ejemplo, con motivo del 11-S en Nueva York y del 11-M en Madrid. A partir de entonces, aunque se trata de dos casos extremos, definimos la resiliencia como la capacidad del individuo para reaccionar de forma adecuada ante un suceso grave y crecer personal y socialmente ante la desdicha.

El doctor Manuel Trujillo, director de psiquiatría del hospital Bellevue de Nueva York, vivió en primera persona los acontecimientos traumáticos del mayor ataque terrorista sufrido en Estados Unidos, donde fallecieron cerca de 3.000 personas de las 40.000 que trabajaban en las Torres Gemelas en los cientos de empresas alojadas en ese espacio emblemático que movía los hilos de la economía mundial.

Trujillo comentaba las manifestaciones clínicas que había sufrido la mayoría de la población estadounidense, aunque solo una minoría estuviera realmente presente. Esto hace pensar en el impacto que tiene el hecho traumático en la vulnerabilidad de la persona y en la sociedad.

La vulnerabilidad y la fragilidad son muy mal procesadas por el cerebro. Los traumas reactivan el sistema neurobiológico y psicológico del ser humano y hacen aflorar de nuevo otros daños psíquicos aunque sean muy antiguos. En el 11-S las imágenes de las personas precipitándose al vacío desde los edificios fueron muy traumáticas.

Los que son poco resilientes suelen reexperimentar los recuerdos traumáticos en forma de *flash-back* y se altera su equilibrio emocional. Se les activa de manera frecuente el recuerdo en la memoria consciente y las imágenes del momento, conocidos con el nombre de *call memory*. En cambio, las personas resilientes gozan de mayor estabilidad emocional a pesar de vivir las mismas experiencias traumáticas.

Las personas expuestas a un trauma experimentan síntomas de daño psicológico, pero no todas ellas desarrollan la enfermedad. Los síntomas más comunes que sufrieron los neoyorquinos después del desastre, casi en la misma medida, fueron: ansiedad, estrés y depresión. Solo se detectó una intensificación de la depresión si habían perdido a personas cercanas, o mayores niveles de estrés y de ansiedad en función del grado de cercanía al suceso, teniendo más riesgo quienes residían en la zona baja de Manhattan.

Es interesante un estudio publicado por *New England Journal of Medicine* considerado la mayor encuesta nacional sobre las consecuencias psicológicas del atentado terrorista del 11-S y la búsqueda de ayuda, que realizaron el doctor Mark A. Schuster y su equipo después de atender a miles de afectados. En él se aportan datos de cómo superaron los neoyorquinos la tragedia recurriendo a distintos medios al mismo tiempo:

- El 98 por ciento encontró sentido compartiendo con otros sus experiencias.
- El 90 por ciento experimentó la necesidad de volver a la religión.
- El 60 por ciento participó en actividades de terapias grupales.
- El 36 por ciento reaccionó haciendo donativos.

Cualquiera de estos medios va encaminado a la búsqueda de un sentido más profundo de la propia existencia. Aproximadamente, el 85 por ciento de los afectados se recuperó del trauma de forma natural sin necesidad de intervención profesional. Sin embargo, el 75 por ciento mantenía síntomas de estrés postraumático al mes del suceso. Y a los seis meses quedaba menos de un 1 por ciento con daños postraumáticos.

Los trastornos que se cronifican en el tiempo dependen más de la vulnerabilidad de un sujeto dañado previamente por traumas anteriores no superados o de un mal afrontamiento del hecho traumático. Esto sucede en casos de aislamiento o de una pobre red social que pueda atenuar los efectos y favorecer la superación.

En situaciones extremas tenemos la oportunidad de ponernos al límite de nuestras capacidades, y es ahí cuando uno se hace las grandes preguntas de la vida y se reconstruye de forma natural el sistema de valores. Ya no nos apoyamos en lo que nos han enseñado sino que nos planteamos si lo vivido hasta el momento es válido. Así vemos que, después de un impacto emocional, es posible generar un aprendizaje y un crecimiento personal.

Este crecimiento postraumático se define en psiquiatría como un desarrollo emocional que implica una transformación positiva de la personalidad después del trauma. Las personas resilientes coinciden en expresar un aumento de la confianza en sus propias capacidades para afrontar cualquier adversidad que les ocurra en el futuro, como si el trauma vivido y asumido hubiera desarrollado en la persona recursos latentes e insospechados. Esto no quiere decir que se sientan invulnerables, sino al contrario: son conscientes de su propia debilidad pero no tienen miedo, y reconocen que el ser humano es más fuerte de lo que creían.

2

Convertir el trauma
en estímulo

Con cierta frecuencia aparecen en los medios de comunicación historias, que nos sorprenden y emocionan, acerca de cómo algunas personas han sido capaces de superar un trauma y crecer con este acontecimiento adverso. Tendemos a pensar que son personas excepcionales, que están hechas de otra pasta, que son héroes muy lejanos al común de los mortales. Durante siglos hemos trabajado sobre el concepto de la patología basada en la debilidad del ser humano y, por tanto, esperamos esa respuesta psicológica de vulnerabilidad ante la desgracia.

Cuando ocurre un suceso traumático, solo tienes dos opciones: o te autodestruyes o te creces. O te conviertes en una víctima o aprendes de lo que te ha ocurrido y te superas. Los que son capaces de recorrer este último camino, los resilientes, reconocen que, a partir de esa situación adversa, se convirtieron en mejores personas y han logrado el reconocimiento de la sociedad. En definitiva, han conseguido el éxito personal a través del sufrimiento.

A partir de este enfoque, relativamente reciente, se han desarrollado la psicología y la psiquiatría basadas en la prevención. Vivir una experiencia traumática es quizá una de las situaciones que más aportan a la vida de una persona, pero ¿cómo convertimos la crisis en oportunidad, o el trauma en estímulo? El ser humano huye del dolor y procura evitar también que lo padezcan aquellos a quienes ama. Esto nos lleva a pensar en el modelo de familia actual con pocos hijos y que con frecuencia son sobreprotegidos desde que nacen, sin darse cuenta los padres de que ese tipo de educación va a añadirles serias dificultades en el futuro. La falta de exigencia y esfuerzo, junto con una educación ambigua, sin límites claros y firmes, debilita el desarrollo personal. Si no hay esfuerzo, no se puede desarrollar la voluntad, que es pieza clave en el logro de objetivos. Incluso se ha comprobado que si las personas aprenden en edades tempranas a aplazar la gratificación hace que de adultas consigan mayor competencia y éxito profesional.

La misión de educar no es solo dar una carrera para vivir, sino templar el alma para las dificultades de la vida. Por eso es importante aprender a ganar y a perder o, mejor aún, aprender a perder para ganar. El propósito de la resiliencia es ayudar a los individuos y a los grupos no solo a enfrentarse a las adversidades sino también a beneficiarse de los impactos negativos.

Por tanto, sin restar importancia a la gravedad del asunto que nos ocupa, y al sufrimiento que conllevan esas duras experiencias, sabemos que el ser humano se crece ante los retos. Y el primer paso para que algo adverso se pueda convertir en estímulo es conocer la existencia del sentimiento de satisfacción asociado que se experimenta al superar cualquier desafío; por ejemplo, cuando partimos de unos entrenamientos duros para lograr un título deportivo o estudiamos para poder desarrollar una carrera profesional. El segundo paso sería aprender de esa experiencia; deberíamos preguntarnos qué nos ha aportado, y aceptar que vivir implica lucha y esfuerzo. El tercer paso consistiría en darse cuenta de que si el impacto es negativo también lo sufren quienes nos rodean, y entonces el deseo de superarlo y de que los demás no sufran es una motivación extra para compensar el apoyo que recibimos.

José Villela: la libertad interior

«Es tan fuerte enfrentarse al dolor que, instintivamente, tratamos de huir. Pronto nos damos cuenta de que es parte de la vida. Lo inmediato es rebelarse y buscar culpables, en un intento de esquivar el golpe o de trasladar la rabia o la responsabilidad que conlleva el asumirlo en nombre propio.»

Quise ir a visitar al doctor José Villela pensando que su experiencia podría servir de ayuda para comprender el difícil concepto de resiliencia, y descubrí a una persona que ha desarrollado una capacidad de superación admirable. Podría decirse que la resiliencia, en su caso, es la entereza más allá de la resistencia, como demuestran sus palabras:

Yo vivía en el mundo de hoy, bastante materialista, narcisista, del «vales lo que tienes»… Pero, a la hora de la verdad, lo que importa es lo feliz que eres. Nunca había valorado poder respirar, poder estudiar, poder tener a tu gente; son cosas buenas que ahí están, pero no las valoras. Yo lo he aprendido a raíz de mi acci-dente.

Estaba cursando el quinto año de la carrera de medicina y me dirigía a casa, agotado después de una guardia en el hospital, cuan-do, estando parado en un semáforo y dentro del coche, oí un tre-mendo ruido que se me vino encima, a la vez que quedé a oscuras, paralizado, sin saber qué había ocurrido.

Cuando pude darme cuenta, a los pocos segundos, estaba atra-pado, no podía mover ninguna parte de mi cuerpo, pero sí podía verlo y escucharlo todo. «¡Está vivo!», gritó un policía rompiendo el cristal del coche en el que me encontraba. Yo estaba confundido, pero esa fue la mejor noticia que pudieron darme.

Un camión de la basura que circulaba por el piso superior del teleférico de Ciudad de México, había caído desde arriba sobre mi coche y me había aplastado el cuerpo por completo. No así mi cabeza, que permanecía consciente de todo.

Me preguntaron cómo avisar a mi familia y enseguida me vi dentro de una ambulancia, junto a mi padre que, por suerte, no estaba lejos de allí. Volví por el camino más corto a mi hospital, del que acababa de salir. Cuando llegué me dijeron: «Pepe, tienes el cuello roto, vamos a operarte». Tenía tres vértebras cervicales aplastadas y la médula espinal fraccionada. Iban a someterme a una cirugía de doce horas para intentar reconstruir el cuello. Aunque no sentía mi cuerpo, albergaba una gran confianza en el poder de la cirugía, pero el pronóstico era que no volvería a caminar.

Algunas veces, en cuestión de segundos, nos cambia la vida, por eso es natural preguntarse: «¿Por qué a mí?», sin obtener respuesta. Al no encontrar explicación acabamos, ingenuamente, desplazando la culpa a otros. Esto es un mecanismo psicológico inmaduro que no lleva a ninguna parte. José Villela superó ese escollo y encontró su propio punto de apoyo.

Supe que salí muy grave de la cirugía; entré politraumatizado, con heridas abiertas en muchas partes de mi cuerpo que se habían infectado por la basura que me sepultó en el accidente. Después de la operación también la presión se descontroló. «Si cae en paro, no lo reanimen», dijo uno de los médicos, pero otros no pensaron así.

Abrí los ojos y me vi lleno de sondas y catéteres, conectado a un ventilador para respirar y con los brazos enyesados. Habían pasado quince días desde la operación y me habían inducido un coma del que acababa de despertar. Tengo veintitrés años. ¿Por qué a mí? Fue mi primera pregunta, y sentí la impotencia ante mi desgracia y mucho enfado contra aquel conductor. No estaba permitido que por ese puente elevado circulasen camiones. «Es una irresponsabilidad», pensé.

Pasaron unos días y, ya consciente, vino a visitarme una compañera —con la que hasta entonces no había coincidido— y me dijo: «Como veo que estás aburrido, voy a leerte *Las crónicas de Narnia*». Yo no podía hablar porque tenía un tubo respirador en la boca; era lo que menos me apetecía en esos momentos, pero ese detalle tan humano me devolvió las ganas de vivir. Empezó a leer junto a mi cama y, después de bastante rato, rectificó: «Veo que no te está interesando mucho, voy a leerte otra cosa. Tienes en la puerta, por fuera, muchos recados de las personas que te quieren». Yo no lo sabía pero, como no se me permitían visitas, me habían escrito notas muchos compañeros de clase, mis primos y mis abuelos, así como amigos que no veía desde hacía tiempo, y cuando empezó a leer sus mensajes me inundó un sentimiento muy fuerte.

Hay uno en concreto de una amiga de mi madre que me cambió la vida. Con letras grandes, en un papel verde fosforescente, ponía: «Nada puede pasarme que Dios no permita, y todo lo que Dios quiere, por malo que me parezca, es lo mejor para mí». Luego me enteré de que fue tomado de una carta de Tomás Moro a su hija Margarita, desde la Torre de Londres, antes de que lo enviaran a la muerte.

Al principio no lo comprendí en absoluto, pero al releerlo muchas veces me di cuenta de que tenía que buscarle sentido a eso. Como estaba inmóvil en la cama y me pasaba las horas mirando al techo, me pusieron la nota donde podía verla. Me salvó la vida. Sabía que teníamos cuerpo y alma, lo había aprendido en el colegio, pero lo que me cambió fue ser consciente de que, aunque mi cuerpo no pudiese funcionar del todo, sí lo hacía mi alma, y esta volaba libre hacia cualquier lugar que yo quisiera. Me veía atrapado en mi propio cuerpo, pero experimenté que la libertad está dentro de nosotros.

Me gusta pensar que la vida es el regalo esencial que recibimos y solo tenemos una. Importa mucho saber vivirla y tomar la decisión de valorarla adecuadamente. Aprendemos muchas cosas, pero nadie nos enseña esa asignatura tan importante para la vida. Con las mismas circunstancias, podemos ser felices o desgraciados y esa es la gran cuestión. Recorremos nuestra trayectoria como autodidactas, y es fácil que podamos equivocar el camino. Por eso es esencial contar con modelos como los que propongo en este libro, que nos sirvan de referencia para saber que si ellos pueden, nosotros también.

Estadísticamente está comprobado que todos vamos a sufrir al menos uno o dos acontecimientos desestabilizadores a lo largo de nuestra existencia. Hay que tener en cuenta que no todos esos acontecimientos alcanzarán la misma dimensión, pero sí serán, para nosotros, de intenso sufrimiento. Estas situaciones pueden ser más o menos dramáticas dependiendo de la propia percepción del sujeto, pues es sabido que el mismo acontecimiento afecta de manera diferente a cada persona. En definitiva, podríamos hablar del grado de vulnerabilidad o de resiliencia de cada persona ante el sufrimiento.

Es necesario advertir que, con frecuencia, llamamos «trauma» a una grave adversidad, pero esta palabra debe reservarse para definir los acontecimientos que provocan una ruptura biográfica, y cambian dramáticamente la vida de la persona por ser de difícil solución. Y, generalmente, en esos casos se necesita ayuda profesional para recuperar el equilibrio psicológico. Pero también en ese mismo contexto hay que distinguir entre «sufrimiento psicológico» y «adversidades».

¿Cómo se pueden afrontar los acontecimientos traumáticos que cambian la vida? Sea cual sea su naturaleza, lo más importante es haber desarrollado resiliencia como capacidad de adaptación frente a la adversidad o el trauma. Este proceso requiere tiempo y un ritmo distinto en cada persona.

¿Qué es y qué no es la resiliencia?

Llamamos «resiliencia» a un proceso de adaptación positiva ante sucesos traumáticos o adversos, y tiene dos componentes:

la resistencia ante la adversidad con un enfoque positivo que soporta el estrés como motor de crecimiento, y la capacidad de superarse, de transformar esa circunstancia negativa en oportunidad de desarrollo, para lograr salir fortalecido de la situación.

Ser resiliente no quiere decir que la persona no experimente tristeza o angustia. El dolor emocional es la respuesta humana ante la pérdida, y el sufrimiento no puede evitarse. La resiliencia no es una característica que la gente tiene o no tiene de forma absoluta, sino que es el resultado de conductas, pensamientos y emociones que conforman la personalidad y, al mismo tiempo, pueden ser aprendidas o modificadas. Es un proceso dinámico que surge de las cualidades del individuo en cuanto a su historia vital, relacionada con el apoyo dentro y fuera de la familia, que le aporta confianza y seguridad. Y es esa combinación de factores lo que contribuye a desarrollar la resiliencia.

Cuando la persona resiliente parte de un acontecimiento negativo de su vida, busca nuevas experiencias que le permiten desarrollar su potencial interior. Así, vemos que la resiliencia no es una mera resistencia solitaria que aguanta cualquier impacto adverso; eso se llamaría «invulnerabilidad» y dista mucho de la resiliencia, porque en este caso no se trata solo de aprender a resistir, sino de añadir la capacidad de ser flexible y la de saberse adaptar a las circunstancias de una forma positiva, así como desarrollar la de proyectarse en el futuro y seguir adelante sin renunciar a sus objetivos.

Las personas que podemos llamar resilientes se caracterizan por haber desarrollado una serie de capacidades:

1. Tienen confianza en sus propios recursos para lograr un proyecto de vida. Se conocen y parten de sus fortalezas para afrontar los retos. Saben aceptar sus errores, sin justificaciones ni echar la culpa a otros, porque esto último incapacita siempre para crecer.

2. Han logrado tener una buena autoestima porque se valoran a sí mismos de forma positiva.

3. Son resistentes al estrés y aportan seguridad a los demás. Al verse capaces de afrontar el futuro no tienen miedo y no generan ansiedad ante la incertidumbre, por lo que pueden aportar sensación de tener el control y dan seguridad a quienes les rodean.

4. Al no tener ansiedad logran un mayor autocontrol emocional, que se manifiesta en ver las soluciones lógicas al problema, buscando siempre una salida.

5. Tienen una actitud positiva ante la vida. No se quedan en las dificultades sino que las ven superables poniendo empeño y estableciendo estrategias para conseguir sus objetivos.

6. Desarrollan un estilo de vida equilibrado que combina objetivos personales, profesionales, familiares y sociales.

7. Son auténticos, sinceros y se apoyan en criterios morales sólidos, logrando una unidad de vida entre lo que dicen y lo que hacen. No tienen inconveniente en rectificar cuando se equivocan ni en pedir perdón.

8. Poseen capacidad personal para dar sentido a su vida, sintiéndose parte responsable para construir un mundo mejor y colaborar con otros para lograr este propósito. Se plantean ayudar a otros más débiles, y les brindan su apoyo o le dedican tiempo.

9. Utilizan el sentido del humor como estrategia de afrontamiento ante los conflictos, sabiendo relativizar y desdramatizar, siendo proactivos y aportando energía y nuevas formas de ver los problemas.

10. Tienen aficiones gratificantes y mantienen una sana independencia emocional, logrando la estabilidad afectiva en sus relaciones interpersonales.

Estas capacidades no tienen que estar todas presentes y desarrolladas al máximo en las personas que proponemos como ejemplo de resiliencia, porque estaríamos considerando una perfección casi única, pero de alguna manera se orientan hacia estas competencias logrando una personalidad madura y estable.

Podríamos decir que la resiliencia es como un diamante que resiste cualquier tipo de adversidad, con un ánimo estable y muchas facetas, cada una de las cuales brilla por sí misma y revela un aspecto del interior. La personalidad resiliente funciona como un amortiguador que protege frente a los embates de la vida, por lo que tiende a no generar estrés ni miedos ante las incertidumbres de futuro. Es una fortaleza flexible.

Es excepcional que una persona, aun soportando mucho sufrimiento, se mantenga estable y psicológicamente equilibrada, pero sabemos que un tercio de la población lo logra de una manera natural gracias a un gen específico, que se ha identificado en esas personas como transportador de serotonina. La buena noticia es que todos podemos desarrollarla y lograr una actitud resiliente para afrontar con éxito los problemas emocionales y tener una vida satisfactoria.

De médico a paciente tetrapléjico

José Villela en su testimonio demuestra una gran capacidad de superación para mantener sus objetivos vitales a pesar de lo sucedido, sin convertirse en una víctima incapaz de ser feliz.

> Esos días en que ya estaba de nuevo consciente, tuve una neumonía asociada a alguna bacteria resistente a muchos antibióticos. Me salieron llagas por todo el cuerpo y me pregunté: «¿Quieres vivir, sí o no?». Sí, me respondí.
>
> Pasado un mes pude respirar de forma natural. Nunca me había parado a considerar la belleza de respirar.
>
> Tres semanas más tarde pude ponerme en posición vertical y

comenzar la rehabilitación hasta recuperar el movimiento de bíceps y tríceps. Después comencé a lavarme los dientes y a comer.

Nueve meses después fui a Phoenix (Estados Unidos) para internarme durante dos meses en un centro de rehabilitación, donde al ver a otros aprendí que la discapacidad no tiene por qué impedirte hacer tu vida, enfrentarte a ella. Fue muy duro porque no te facilitan nada, pero gracias a eso aprendes.

Al regresar a casa, mi abuela me recibió con mi comida favorita y empecé a trabajar en la universidad como adjunto de fisiopatología y propedéutica. Mi primer pensamiento fue dejarlo; sin embargo, acabé la carrera como médico general a base de mucho empeño y apoyo de familia, maestros y colegas. Hice el Examen Nacional de Aspirantes a Residencias Médicas en septiembre y fui aceptado. Entré a estudiar al Instituto Nacional de Psiquiatría.

Como decía Viktor E. Frankl, el psiquiatra impulsor de la psicología existencial y la logoterapia, «el hombre que se levanta es aún más fuerte que el que no ha caído». Luchamos contra el dolor y es comprensible querer evitarlo, pero lo que hay que hacer es prepararse para saber afrontarlo y ganarle la partida cuando llega. Sabemos que el ser humano tiene una gran capacidad de adaptarse y crecer ante el sufrimiento, sobre todo cuando le encuentra un sentido.

Por eso, lejos de considerar como víctima a la persona que sufre una experiencia traumática, adoptando una falsa compasión que facilita su hundimiento, habría que ayudarla a afrontarla y crecer, sabiendo que potencialmente tiene la capacidad natural de adaptarse, resistir, aprender y fortalecerse ante las situaciones más adversas.

El doctor Villela resume de manera concisa su experiencia acumulada en el largo período de convalecencia:

Quiero recalcar tres ideas:

- La adversidad de todo tipo es parte de la vida. Todos tenemos problemas, pero no debemos evitarlos sino tomarlos como una oportunidad de crecimiento personal, darles la vuelta y ver de qué manera pueden jugar de nuestro lado. Ver lo positivo de nuestra vida ordinaria está en nuestras manos.
- Tenemos que ser responsables de nuestros actos en lo que respecta tanto a nosotros como a los demás.
- Cualquier acontecimiento traumático es negativo en sí mismo, pero lo que suceda a partir de ahí depende de la actitud de cada persona. En mi caso, ha sido muy importante apoyarme en la fe.

El doctor Villela, compañero de profesión y ahora amigo, me ha enseñado a valorar el poder de la mente para afrontar los reveses de la vida con decisión.

La neurociencia tiene algo que decir. ¿Qué pasa en el cerebro?

¿Sabías que cada vez que tienes un pensamiento, tu cerebro pone en marcha sustancias químicas? Se llaman neurotransmisores y son los encargados de llevar esa información para que el sentimiento acompañe a cada pensamiento. Según este sea, positivo o negativo, el neurotransmisor que se produce es distinto. Si el pensamiento es positivo, una de las sustancias químicas que se fabrica se llama serotonina y te hace sentir más feliz. Igual ocurre con los pensamientos negativos, que se acompañan de las emociones correspondientes y provocan actitudes que influyen también en la conducta y que, poco a poco, van configurando la personalidad.

La neurociencia ha avanzado más en los últimos tiempos que en todos los siglos anteriores, gracias a las nuevas tecnologías que permiten explorar el funcionamiento del cerebro. En la actualidad, a través de la resonancia magnética funcional y la magnetoencefalografía, se puede entender el conectoma que describe el conjunto de todas las conexiones del cerebro y las rutas neuronales, cómo se activa el comportamiento como respuesta a los pensamientos y detectar alteraciones que hacen a una persona tener conductas agresivas o patológicas. Considero que no es científico afirmar que la mente solo es la actividad del cerebro, porque ese reduccionismo limita a la persona y nos hace caer en el determinismo dejando poco margen a la libertad humana.

Algo distinto es saber que el cerebro es dinámico y que su capacidad de modulación va mucho más allá de lo que sospechábamos. Estamos acostumbrados a sacarle escaso partido al cerebro y, sin embargo, su capacidad es casi infinita. Tenemos cien mil millones de neuronas altamente interconectadas. Cuando nace un niño, su cerebro ya tiene el número de neuronas que conservará a lo largo de la vida, y durante los primeros años se forman numerosísimas sinapsis, hasta cinco veces más de las necesarias. Por ese motivo, con el desarrollo se produce lo que se llama «poda sináptica», que es una forma de eliminar las neuronas menos eficientes y poner en marcha otras. Pero todas ellas deben crecer en tamaño y conectarse unas con otras para formar circuitos neuronales que transmitirán la información de lo que el individuo va aprendiendo. El exceso de sinapsis se va eliminando con el tiempo y alcanza su punto culminante en la adolescencia.

Cuando se aprende alguna habilidad, podemos apreciar al principio que hay que poner mucha atención. Sin embargo, cuando las conexiones ya están establecidas, el proceso se automatiza y es muy rápido. Esto es la memoria de trabajo —o *working memory*—, donde se manifiesta la fluidez de la inteligencia.

En los niños el cerebro es muy adaptable, y si se produce alguna lesión cerebral, cuanto más prematura sea tendrá mayor facilidad de recuperación de las capacidades perdidas, porque otras áreas asumirán esa función. En los primeros años el desarrollo cerebral es muy rápido, pero esa flexibilidad neuronal se va perdiendo con el tiempo.

Vemos cómo cambia el cerebro con los acontecimientos que nos ocurren, cómo varía su estructura a lo largo de la vida y se va configurando con nuestras experiencias vitales. Por eso, podemos afirmar que son nuestros pensamientos y nuestra conducta los que configuran la arquitectura del cerebro, y que este a su vez responde de manera automática a los impulsos eléctricos que recibe. Esto ha planteado un gran debate en la neurociencia: si el cerebro manda en el cuerpo, ¿quién manda en el cerebro? La individualidad humana radica en el pensamiento, pero nadie ha logrado hasta ahora explicar cómo se produce este a partir de las conexiones del cerebro, cómo pueden surgir las ideas a partir de la materia. Este punto es clave en el desarrollo de la resiliencia, porque podemos configurar nuestro cerebro para alcanzar las metas que nos proponemos.

En este sentido, la psicología positiva postula que el cerebro se puede modular con el pensamiento: somos lo que pensamos. Estoy de acuerdo y comparto los buenos resultados que aporta este planteamiento desde hace muchos años, pero considero que el pensamiento, más que positivo o negativo, debe ser inteligente para adecuarse a la realidad. En cambio, sí es importante que haya una actitud positiva de la voluntad, que, movida por la razón, sea la que nos anima a actuar. Coincido plenamente con Winston Churchill cuando afirmaba: «La actitud es una pequeña cosa que hace una gran diferencia». Por tanto, lo que hay que cambiar realmente son las actitudes y, desde el punto de vista terapéutico, eso es mucho más asequible. Los psiquiatras sabemos lo difícil que es modificar el pensamiento de una persona, por ejemplo, cuando tiene un trastorno obsesivo. A veces, ni siquiera es fácil que responda con ayuda de psicofármacos. Por eso vemos que, cuando se desconocen estos temas, se puede caer en un planteamiento demasiado simplista y que puede entusiasmar de entrada, si bien a la hora de la verdad resulta poco eficaz pensar que solo con desear ser positivo las personas podremos cambiar rasgos temperamentales de nuestra personalidad o de nuestra conducta. Eso es solo el comienzo.

Si nuestra actitud es positiva, pondremos los medios a nuestro alcance para trabajar la voluntad y conseguir lo que nos proponemos. Y, al contrario, si nuestra actitud es negativa, no moverá a la voluntad para la acción. Por tanto, el optimismo y el pesimismo no son más que dos posibles actitudes que podemos adoptar libremente frente a la realidad. En cualquier caso, el entrenamiento volitivo es necesario para que la disposición pase de ser un deseo a convertirse en costumbre. Hay una íntima conexión entre el cuerpo y la mente. Están unidos en la salud y en la enfermedad. Podemos afirmar que el pensamiento configura la personalidad, y esta, de forma indirecta, afecta incluso a la salud física porque actúa sobre la liberación de neurotransmisores que influyen en el sistema inmunitario, que es el encargado de mantener las defensas del organismo frente a las enfermedades. Por ese motivo también la respuesta inmunitaria está condicionada por el tipo de pensamiento que enviamos al cerebro y las sustancias que, en consecuencia, este produce.

En ese sentido, el cerebro se va configurando a lo largo de los años con las experiencias vividas. Está trabajando constantemente y evaluando el entorno interior con el mundo exterior. Un pensamiento de inseguridad o de frustración pone en marcha una serie de reacciones bioquímicas cerebrales que envían información a ciertas partes del cortex cerebral y que se traducen en un sentimiento de angustia.

Si se está activando ese circuito de pensamientos negativos durante tiempo prolongado, llega un momento en que la respuesta se automatiza y será generadora de estrés, miedos y ansiedad. Estos sentimientos impregnan la personalidad de tal forma que, de modo automático, se traducen en inhibiciones que la debilitan, y como consecuencia encontramos personas que más que padecer una depresión lo que tienen es una personalidad depresiva. Esto quiere decir que su interpretación de la realidad está marcada por el pesimismo y por la tristeza, que han echado raíces y se cronifican en una vida vacía y sin ilusiones.

Pero también ocurre lo contrario; es decir, que la bioquímica cerebral se modifica en función de la conducta y de las emociones asociadas a la competencia y la seguridad personal, haciéndose cada vez más productiva.

Este efecto también podemos conseguirlo a través de psicofármacos que actúan modificando los receptores cerebrales y que consiguen la misma neuromodulación. Pero, igualmente, para que el cambio sea duradero, hay que modificar la conducta y ejercitarla hasta que se convierte en hábito positivo.

Por ello, podemos afirmar que «cambiar» es empezar a pensar de manera distinta en las mismas circunstancias, para lograr resultados diferentes. Y para cambiar hay que forzar al cerebro a disparar otras secuencias neuronales.

Cuando alguien piensa que no será capaz de hacer algo tiene razón, porque no lo intentará. Pero si en las mismas circunstancias se siente capaz, pondrá los medios para lograrlo y posiblemente lo conseguirá, y ese refuerzo sirve de base para sucesivos logros. Podemos concluir que si no te gustan las circunstancias de tu vida, la solución es empezar a cambiar tu forma de actuar y convencerte interiormente de ello, como nos dice el doctor Villela: «De mi decisión depende el tomar el control de mi propia vida y poder transformarla. No soy dueño de lo que me va a suceder, pero sí está en mí la decisión de cómo voy a afrontar lo que me pasa».

La vida no es el conjunto de cosas que nos pasan de forma pasiva. Una vida productiva y lograda es conseguir lo que queremos que nos pase. Somos libres para enfocar nuestra vida hacia una meta o hacia otra, aunque tenemos que contar con el factor esfuerzo, que tiene mucho que ver con la resiliencia.

Como recomienda el poema de Rudyard Kipling: no desistas, conviértete en protagonista de tu propia historia. Descubre lo positivo en la adversidad, mira hacia delante con valentía, recibiendo con los brazos abiertos y sin miedo el futuro.

> *Cuando vayan mal las cosas*
> *como a veces suelen ir,*
> *cuando ofrezca tu camino*
> *solo cuestas que subir,*
> *cuando tengas poco haber,*
> *pero mucho que pagar,*
> *y precises sonreír*
> *aún teniendo que llorar;*
> *cuando ya el dolor*
> *te agobie y no puedas ya sufrir;*
> *descansar acaso debes*
> *pero nunca desistir.*

En este poema late el deseo de la libertad interior como conquista de uno mismo. Viene a decir que por más duras que sean las circunstancias con las que uno tenga que lidiar, se descubre que aún permanece dentro de nosotros mismos la posibilidad de llegar a ser lo que nos hemos propuesto. La vida no se trunca sino que continúa.

La resiliencia está cobrando actualmente un enorme protagonismo debido a las ventajas que aporta en el desarrollo positivo de la personalidad para hacer frente a situaciones duras. Sabemos que esta cualidad se tiene de forma natural, pero que siempre puede ser desarrollada proactivamente. Las personas resilientes consiguen mantener un equilibrio frente a sucesos complicados y no experimentan la angustia asociada ni ven interrumpido su rendimiento normal en su vida cotidiana. No quiere decir esto que sean invulnerables frente a las emociones negativas, sino que saben autorregularse y adaptarse, y aprenden a ser más fuertes.

Este crecimiento a partir de la vivencia traumática demuestra que las personas tienen una gran fuerza interior que emerge en situaciones de especial dificultad y se apoya en el proceso de lucha que acometen. A partir de ahí reciben mayor reconocimiento y apoyo social, lo que minimiza el riesgo de sufrir depresión y facilita la incorporación de tipos de vida más saludables.

Muchas personas que han superado acontecimientos adversos afirman, cuando los atiendo en mi consulta, que a partir de esa determinada experiencia que marcó su vida cambiaron muy positivamente.

La mayoría de la gente se recupera de un acontecimiento traumático después de un período de disfuncionalidad, pero las personas resilientes bien no pasan por ese período o bien lo acortan. Asimismo, parece que tienen mayor control sobre la experiencia negativa —por lo que continúan con su vida normal— y se mantienen más optimistas respecto a su capacidad de superarla. Por otra parte, los individuos menos resilientes tienden a bloquearse al negar o evitar los estímulos potencialmente estresantes, con lo que provocan mayor activación neurofisiológica del organismo y tienen mayores probabilidades de enfermar a raíz del acontecimiento. Sin embargo, las personas resilientes maduran su personalidad y se sitúan en el marco de la prevención de la salud mental, motivo por el cual la resiliencia se revela tan importante en este ámbito.

La neurociencia nos enseña que las personas más resilientes tienen mayor equilibrio emocional frente a las situaciones de estrés y soportan mejor la presión. Esto les aporta una sensación de control frente a los acontecimientos y mayor capacidad para afrontar desafíos.

Factores de riesgo y resiliencia

La fuerza interior que mueve la resiliencia se desarrolla a partir de la figura de apego en la infancia. Llamamos «apego» al vínculo emocional que establece el niño desde sus primeros días de existencia con sus cuidadores, generalmente su madre, y que le proporciona la seguridad indispensable para lograr el desarrollo de una personalidad estable emocionalmente en el futuro.

El niño necesita sentir una relación estable con al menos uno de los padres o, en ausencia de estos, mantener unos lazos cálidos y seguros con una persona significativa. Este apego es común en casi todas las especies animales y se establece en ese primer período de vida, pasado el cual, si no se ha producido, es difícil que en el futuro esa persona no tenga dificultades para relacionarse adecuadamente con el mundo exterior. Quiero citar un trabajo muy interesante que el psicólogo Harry Harlow realizó con primates. Separó de la madre a los recién nacidos y los puso en una jaula con dos tipos de «madre artificial» hechas de madera y alambre. Una tenía un dispositivo para alimentarlos y podían extraer la leche, y la otra no aportaba alimento pero estaba recubierta por una tela afelpada que asemejaba el tacto de la madre. Harlow comprobó que los recién nacidos preferían permanecer en contacto con el robot cuyo tacto se parecía al de la madre aunque no les aportara alimento, antes que acudir a la otra para alimentarse. También se vio que esos monos al crecer no fueron capaces de vincularse a la manada ya que habían sido privados del vínculo con su madre real.

A veces, ante la ausencia del afecto de los padres, el niño puede desarrollar otros tipos de recursos externos para lograr el apoyo social y saber afrontar la adversidad. De manera espontánea, buscan ser líderes y destacar ante los otros por sus capacidades, y consiguen desarrollar la autoconfianza al sentirse valorados por sus logros. Esta actitud favorece, sin duda alguna, la manifestación de comportamientos resilientes siempre que el marco educacional sea honesto para que tengan puntos de referencia sanos y límites claros en las conductas.

Tim Guénard: más fuerte que el odio

«Yo doy fe de que no hay heridas que no se puedan cicatrizar lentamente con amor... El hombre es libre de cambiar su destino.»

Coincidí con Tim Guénard en el primer congreso europeo de resiliencia en el que compartió con todos nosotros su capacidad de levantarse una y mil veces tras los golpes que recibía. Me impactó su historia. Fue un niño rechazado y maltratado por las personas que más le importaban: sus padres. En 2003 escribió un libro autobiográfico, *Más fuerte que el odio*, donde narra con sencillez y sinceridad su historia y demuestra al mundo que «el hombre es libre de cambiar su destino».

Cuando Tim Guénard tenía tres años, su madre lo abandonó atado a un poste eléctrico. A los cuatro años dormía desnudo en la caseta de su perro. En una ocasión, su padre lo encerró en la bodega y le pegó hasta dejarlo desfigurado. A consecuencia de esa paliza, tuvo que ser ingresado en un hospital, donde permaneció durante dos largos años. Allí comenzó un período de reeducación, e incluso aprendió a expresarse porque apenas sabía hablar. A los siete años entró en una institución para huérfanos donde sufrió maltrato. El aislamiento afectivo y la violencia sacaron de Tim Guénard lo peor de sí mismo, su lado más agresivo, y se vio seducido por el modelo que descubrió en los chicos más conflictivos. En el orfanato admiraba a los mayores que eran fuertes y cometían atracos. Debido a su envergadura, la violencia se convirtió en su único orgullo, y lo arrastró al robo, la huida y la prostitución. Tenía doce años.

Durante el resto de su infancia, Tim Guénard fue pasando de una casa de acogida a otra, hasta que, ya en la adolescencia y tras varias estancias en una cárcel para menores, siguió la ley de la calle para subsistir. En esos momentos, todo lo que albergaba en su interior era resentimiento y un deseo de venganza. Quería matar a su padre. El encuentro con buenas personas hizo que su camino diera un giro de ciento ochenta grados hacia el perdón y el amor. La primera de esas personas fue una jueza que realmente se ocupó de él cuando tenía dieciséis años; le consiguió un trabajo como aprendiz de escultor de gárgolas y, con esta profesión, Tim comenzó a ser alguien.

Un día de lluvia vio a través de la reja del jardín de una casa que un perro se había enredado en su propia cadena al dar vueltas sobre un árbol y, al quedar enganchado, no podía moverse ni resguardarse en su caseta. La mirada de aquel animal indefenso le hizo encontrarse a sí mismo. Vio en él su propio reflejo. Se dio cuenta de que la rabia que sentía lo tenía encadenado.

Cumplida la mayoría de edad, otras figuras que le sirvieron de punto de referencia lo llevaron por un sendero de perdón y superación de la desgarradora situación en que se encontraba.

Actualmente, Tim Guénard está felizmente casado con Martine, es padre de cuatro hijos y vive con su familia en el sudeste de Francia, cerca de Lourdes. Se ha convertido en una persona admirada y querida, y con su testimonio ayuda a explicar la importancia del amor y del perdón.

Se sabe que, entre las necesidades básicas del ser humano, la búsqueda de afecto tiene entidad propia y prioritaria. Como hemos visto en experimentos con primates, el recién nacido prefiere el afecto de la madre al alimento. Y, del mismo modo, si el niño no recibe afecto le falta la base segura para poder explorar el mundo exterior y no sabe cómo buscarlo. Cuando es adulto no puede desarrollar el modelo operativo interno para relacionarse adecuadamente con los demás y, al no lograr relaciones interpersonales estables, se hace independiente y solitario, o indefenso y dependiente, y refleja siempre especiales dificultades para entablar relaciones sociales. Tim hablaba así de su familia:

> Mi padre era alcohólico. Cuando bebía, no sabía lo que hacía y me pegaba sin darse cuenta. Estuve ingresado en un hospital casi dos años a consecuencia de una paliza. Lo que más me dolió fue que, durante ese tiempo de convalecencia, nunca tuve una visita. Yo soñaba de pequeño que habían metido a mi papá en una lavadora y que llegaba todo nuevo. ¡Tenía tantas ganas de un beso o una mirada, un gesto…! Pero, tristemente, nunca llegó. Un día ya no tuve ganas de eso, tuve ganas de vivir para matarlo; y el odio me dio fuerza.

Algunos pacientes, ya adultos, cuentan que sus conflictos no resueltos en la infancia o la adolescencia les han impedido tener un desarrollo social adecuado. Estas personas quedan mutiladas psíquicamente, con una vida empobrecida o frenada en etapas críticas que no han sabido recuperar. Pero es posible aprender esta vinculación también en el futuro, cuando, de forma natural, aparece una figura significativa que representa ese eslabón perdido.

Está comprobado que lo que más estimula el crecimiento de una persona es la confianza que depositamos en ella, como le sucedió a Tim.

> Me ayudó encontrar personas que van unos pasos por delante de ti, que han tenido una vida difícil y después tienen una vida muy bella. Pensaba que yo también tendría una vida así en el futuro. Esa gente te da ambiciones, incluso sin que tú lo sepas. Por eso la mejor manera de ir en contra del destino es ir al encuentro de los demás; porque te dan ilusiones y te enseñan que la vida tiene otro paisaje.
>
> Yo no he reproducido la violencia, simplemente porque encontré a gente que me hizo desear cosas más positivas. En la vida real, cuando se escucha a la gente que se ha levantado después de vivir situa-

ciones difíciles, uno se da cuenta de que nadie se levanta solo. Yo mismo he tenido personas en mi camino: el indigente que me enseñó a leer, papá Gaby [el padre adoptivo de los servicios sociales del Estado], la buena juez y el padre Thomas. Todos han sido un regalo.

Tim no olvida la promesa que se hizo en su adolescencia: acoger a otros con las mismas necesidades que él sufrió.

La teoría del apego, que he mencionado anteriormente, es clave para lograr la posterior confianza en uno mismo y el desarrollo de una personalidad madura. Hay muchos trabajos de investigación basados en el estudio de niños que habían sido privados de la figura materna y estaban acogidos en instituciones que ponen de relieve que de adultos desarrollaron conductas de miedos e inseguridades, a pesar de que habían tenido los cuidados materiales necesarios. Esto mismo también puede reproducirse en niños cuyos padres no puedan hacerse cargo de ellos por estar demasiado ocupados y centrados en problemas profesionales o sentimentales, o incluso en algunos casos debido a las propias carencias o las insatisfacciones de estos.

El vínculo de apego proporciona la seguridad emocional al niño porque, a través de él, se siente aceptado y protegido incondicionalmente. Por ello, cuando le falta esa cercanía o no encuentra respuesta en la madre o en la persona con la que establece el vínculo, surge en el futuro una personalidad insegura y temerosa, que tendrá dificultades para poder establecer relaciones interpersonales maduras.

Por tanto, es la falta de confianza en la figura de apego lo que más daña la autoestima del niño y explicará, en su vida adolescente y adulta, las reacciones de miedo e inseguridad personal que con bastante frecuencia nos encontramos.

En este sentido, hay factores que podríamos considerar de riesgo porque nos hacen especialmente vulnerables:

- Traumas previos, abandono, maltrato o abuso en la infancia.
- Determinados rasgos de personalidad que se manifiestan en la conducta:
  - inseguridad,
  - miedo a sufrir,
  - bloqueo ante la situación adversa.
- Aislamiento y depresión.
- Proteccionismo y baja tolerancia a la frustración.

Por encima de los rasgos temperamentales o de personalidad, lo que más afecta a la resiliencia son las causas ambientales y de educación temprana, tales como utilizar la humillación para avergonzar en público a una persona, los episodios de violencia escolar y de acoso (especialmente el *cyberbullying*), la sensación de abandono o la falta de afecto, o la creencia de un niño de que es malo porque al corregir su conducta le dicen «eres malo» en vez de «has hecho algo malo». A todos estos factores no se les da la importancia que tienen, cuando, en realidad, serán determinantes por su impacto futuro en el desarrollo de la resiliencia o la vulnerabilidad de la personalidad con el paso del tiempo.

Podríamos considerar que existen también mecanismos protectores que favorecen la resiliencia; así, hay casos en los que los rasgos genéticos son determinantes en algunos temperamentos, pero en otras personas esos mecanismos pueden ser desarrollados desde edades tempranas. Esto puede deberse al cuidado y el apoyo de un tutor resiliente —generalmente, el padre, la madre, un hermano mayor, los abuelos, etc.—, a las expectativas de los progenitores sobre el niño y a las relaciones extrafamiliares que procuran una integración positiva social.

Estos factores protectores no dependen tanto del nivel económico de la familia del niño como de tener una red de pertenencia a un grupo. Tanto las familias con un alto poder adquisitivo como las de estratos más humildes pueden coincidir en situaciones de aislamiento que favorecen la falta de resiliencia ante la adversidad. Los factores de resiliencia son los que logran transformar la dificultad en ventaja para construir un bienestar físico y mental y salir fortalecidos.

Los niños resilientes muestran autonomía, autoestima y orientación social positiva como rasgos de carácter. Suelen desarrollar un temperamento fácil, activo y afectuoso que les permite sobreponerse y crecer a pesar de la adversidad.

No sobreviven los más fuertes, sino los que mejor se adaptan

Tolerar y aceptar son verbos distintos. Según la Real Academia Española, «tolerar» significa «llevar con paciencia, sufrir permitiendo algo sin aprobarlo». «Aceptar», en cambio, significa «recibir sin oposición, asumiendo voluntariamente esa adversidad». Y precisamente ahí está el secreto de la adaptación: se acepta una situación aunque no la habríamos elegido, pero no hay rebeldía ni frustración.

El dolor es parte del proceso de la vida y hay que saber aceptarlo para madurar. Cuando se encaja el golpe, duele menos y se descubre el camino de la superación. Cuando no se acepta lo que no se puede cambiar, el siguiente paso es caer en el victimismo y quedamos atrapados en nosotros mismos.

En nuestra experiencia, el mayor impedimento para crecer es mirar hacia atrás, tener miedo al sufrimiento, quedarse detenido en la pregunta: «¿Por qué a mí?», en lugar de reflexionar pensando: «¿Para qué?». La primera pregunta se queda bloqueada en el presente, mientras que la segunda contempla el futuro y se apoya en lo que uno tiene para crecer.

Nada de lo que pasa en nuestra vida nos deja indiferentes: o saca lo mejor de nosotros o nos daña. Y si ese algo es adverso, tiene la capacidad de ponernos frente a lo que somos en una realidad desnuda, con nuestro potencial y nuestras carencias. Es un anticipo de ese momento final de la vida donde uno se enfrenta con la realidad vivida, como le sucedió a José Villela.

Los primeros días son los más difíciles… Son lecciones que no había tomado porque no tenía los elementos. Después del accidente traumático, me fui dando cuenta de que llevaba una carga demasiado pesada, muchas cosas de sobra en la mochila, pero aunque eran piedras muy pesadas ya no me importaban tanto. Si respirar ahora es tu prioridad número uno, todas las demás preocupaciones automáticamente se desplazan y poco a poco las vas quitando. Te importan las necesidades esenciales, tener a tu familia, conseguir pequeños logros, y te hace feliz cualquier cosa sencilla a la que antes no dabas importancia. Ves la vida de otra manera y te centras en lo importante.

Yo sigo siendo el mismo, pero poco a poco se fue dando la adaptación. Mientras duermo se me olvida, pero cuando despierto me doy cuenta de lo que pasó. Es como si quisieras patinar en el césped: hay que cambiarse los zapatos. Si cambia el terreno de juego y quieres seguir en el partido, tienes que adaptarte.

Después de algún embate serio, la vida no puede seguir siendo la misma que hasta entonces, porque el impacto hace cambiar la forma de pensar, sentir y actuar. En los pacientes que consideramos resilientes, porque aprenden y crecen en la adversidad, observamos fuertes cambios psicológicos en tres áreas: en ellos mismos, en las relaciones con los otros y en la filosofía o la manera de vivir a partir del acontecimiento. A esto lo hemos llamado «crecimiento postraumático» porque implica encontrar los elementos positivos que acompañan a estas experiencias.

En primer lugar, estas personas suelen coincidir en que, una vez superada la tragedia, experimentaron un aumento de la confianza en sí mismas. Se sienten capaces de afrontar cualquier otra situación difícil que les depare la vida. Ya no sienten miedo aunque tengan que sufrir.

En segundo lugar, el cambio que estas personas experimentan en las relaciones interpersonales se percibe como un descubrimiento de la fuerza que aportan los verdaderos amigos. El sentirse querido de forma incondicional fortalece la red social, y descubren su importancia y verdadera dimensión.

Amar es el trabajo más digno del ser humano. A veces la prisa nos impide saborear los buenos momentos que aporta la amistad, incluso la propia familia, siendo esto lo más importante que tenemos.

En tercer lugar, los cambios también afectan a la filosofía de vida porque implican una modificación en la escala de valores, y se llega a encontrar un sentido mucho más profundo y pleno. Esto puede estar relacionado con la percepción de la finitud, y quizá implique una ruptura con el tipo de vida que se ha llevado hasta el momento, si se considera inapropiado. Todas las personas resilientes suelen coincidir en apreciar el valor de las personas por encima de lo material y agradecer aspectos que hasta ese momento no consideraban importantes, como disfrutar de cosas sencillas, del mero hecho de vivir, de una puesta de sol o una simple conversación.

A veces en ese cambio se despierta un sentimiento de altruismo, un deseo de dedicar la vida a aliviar el sufrimiento de otros. Esto puede dar lugar a que la persona se involucre en un proyecto de acción social que, aparentemente, podría parecer una huida hacia delante pero que, en realidad, significa un cambio de vida más profundo y duradero.

Para estas personas la vida cambia y se hace más auténtica; se valora lo esencial y se deja a un lado lo inútil. Por eso, aunque en sí el sufrimiento no es bueno, tampoco hay que temerlo porque, si llega y estamos preparados, es una visita que nos enriquece.

3

Los ladrones de la felicidad

El deseo de ser feliz es innato, y en ese proceso no hemos avanzado mucho desde los antiguos griegos, que hace 2.500 años también buscaban la felicidad como fin último y decían que nadie puede ser feliz hasta el final porque no sabe lo que puede ocurrir... y es cierto. Necesitamos tener seguridades y por eso nos anticipamos a controlar el futuro, pero la experiencia nos dice que vivir es lidiar con ese equilibrio inestable, que no podemos evitar, como tampoco podemos separar la alegría del sufrimiento que la acompaña. La incertidumbre del mañana nos roba la tranquilidad y nos impide disfrutar de la vida.

Sin duda, el ser humano es un buscador de felicidad. Pero, curiosamente, muchas personas que tienen todos los elementos necesarios para ser felices acuden a las consultas de psiquiatría o de psicología porque no lo consiguen. Y es que para ser feliz no hace falta una vida cómoda sino un corazón ilusionado... porque la ilusión es el motor de la felicidad. Por eso vemos con frecuencia que tener medios económicos o bienestar material no es garantía de felicidad. Y, a veces, se mezclan conceptos.

Hay que aprender a diferenciar entre sufrimiento y tristeza. La tristeza es un sentimiento de ausencia, de vacío interior, un estado de ánimo que lleva a encerrarse en sí mismo y es negativo.

En cambio el sufrimiento es parte de la vida y no hay que rehuirlo. Uno no puede encontrar la paz evitando la vida. Amar engendra sufrimiento, como explica muy bien C. S. Lewis en su libro *Una pena en observación*, cuando dice que «el dolor de hoy es parte de la felicidad de ayer». Por eso, en el momento en que se huye del sufrimiento se está huyendo también del amor, y la persona corre el riesgo de centrarse en sí misma.

También es muy frecuente confundir felicidad con placer. Buscando la felicidad muchas veces nos encontramos el placer que se experimenta con mayor intensidad en el terreno afectivo. Podríamos decir que el placer es una felicidad con fecha de caducidad, porque dura mientras se consume y, al igual que sucede con las drogas, cuando se busca directamente, de manera ansiosa, no se encuentra.

El placer tiene su protagonismo en la vida, abre la puerta a la ilusión, pero hemos de saber que es fugaz y transitorio, por lo que no hay que darle un sentido absoluto. La felicidad, en cambio, tiene un tono más duradero, relacionado con la satisfacción personal, como consecuencia de unos logros trabajados y conseguidos.

Deseo innato y necesario de ser feliz

Dedicamos muy poco tiempo al estudio de la asignatura más importante en la carrera del ser humano: construir la felicidad.

¿Y qué es la felicidad? Kierkegaard decía que la felicidad es una puerta por la que todos quieren pasar pero pocos descubren que esta se abre hacia dentro. Por eso hay que retirarse un poco para poder abrirla, porque si uno la empuja, la cierra cada vez más.

También podríamos plantearnos la pregunta: ¿existe verdaderamente la felicidad? Cualquiera que ama la vida y busca la alegría duradera para sí mismo y para los demás, ciertamente, no se contenta con propuestas que vinculan la felicidad solo a la posesión, la conquista, el poder, el placer, o el egoísmo personal o de grupo. Por ello podemos decir que no existe la felicidad completa, sino que tenemos momentos de felicidad.

Así pues, la vida es una mezcla de alegría y sufrimiento, lo cual significa que ambas no son realidades incompatibles entre sí. De hecho, en múltiples ocasiones se dan la mano. Por ejemplo, en el nacimiento de un hijo, por un lado hay alegría por el nuevo ser que viene al mundo pero a la vez existe el sufrimiento del parto, por el dolor físico o por la incertidumbre que conlleva.

Lo que verdaderamente se opone a la alegría es la tristeza, no el sufrimiento, que puede ser fuente de alegría. Por tanto, podemos concluir que la felicidad no es el resultado de una vida sin sufrimiento sino que, de manera natural, este forma parte de la misma. Así pues, no tiene sentido huir de él de forma frenética, entre otros motivos porque tampoco podremos evitarlo.

El sentido del sufrimiento está muy relacionado con el sentido de la vida, y este, a su vez, con la búsqueda de la felicidad. Es como un juego donde hay que equilibrar las piezas, de modo que, cuando se encuentra el sentido, se tiene mayor capacidad para ser feliz, y el sufrimiento se amortigua y duele menos. En otro orden de cosas, también podemos soportar verdaderos sacrificios para lograr la belleza o un trofeo de competición, y no se piensa en el sufrimiento sino en el deseo de conseguir el resultado.

Jorge Font: el deudor más grande del mundo

«Lo importante no es lo que te pasa sino cómo gestionas lo que te pasa.
Haciendo lo que más me gusta me caí y me rompí el cuello.
La discapacidad se puede ver de distintas maneras. Yo podría decir que vivo atado a una silla de ruedas, pero prefiero pensar que mi vida marcha sobre ruedas. La situación es la misma, lo que cambia es la manera de afrontarlo. Cuando pienso en todo el cariño y

la amistad que recibo, me siento el deudor más grande del mundo
y no me va a alcanzar la vida para pagarlo.»

Esto es lo que piensa Jorge Font, después de superar un grave accidente. Cuando tenía diecinueve años y tras haber sido campeón mundial juvenil de esquí acuático, Jorge se acercó mucho
a la orilla de un lago mientras se entrenaba para participar en el
Campeonato Latinoamericano y se cayó. Sufrió una lesión me-
dular y quedó parapléjico. Así me explicó lo que sintió entonces:

> Al terminar la preparatoria, la vida me presentó un examen de
> admisión inesperado. Ingresé en el mundo de la discapacidad sor-
> presivamente, sin aviso previo y, literalmente, de golpe. Me caí a los
> diecinueve años practicando una de las actividades con las que más
> disfruto: esquiando.
>
> ¿Por qué a mí? Pregunta estúpida porque no tiene respuesta.
> En las preguntas están las respuestas.

Jorge, al igual que les ha sucedido a otras personas, tuvo que
seguir un proceso que pasa por distintas etapas, y que es en cierto modo parecido a la elaboración del duelo. Estas pinceladas
describen como en un cuadro de pintura abstracta lo que Jorge
aprendió:

> No creo que la vida de una persona se determine en un segundo,
> pero hay segundos en la vida que sí pueden determinar tu futuro.
>
> Una pesadilla es un sueño, y lo mío era realidad. Tuve que
> volver a aprenderlo todo.
>
> Lo que no se ve a simple vista es lo que se siente... Ya no eres
> el mismo.
>
> Un amigo me dijo: «Mira, Jorge, en la vida hay muchos colores
> de soledad. Hay soledades blancas que son aquellas que ayudan a
> identificar qué es lo que de verdad importa. También hay soledades

negras, en las que te ves tremendamente solo aunque estés acompañado».

Sientes que tu vida está en pausa. No hay nada más difícil que vivir sin ti, el que eras antes del accidente, asistir a la muerte y al funeral de una parte de ti mismo.

Como psiquiatra, aconsejo dejar que cada persona asimile a su ritmo lo sucedido. Conviene acompañar al que ha sufrido una pérdida importante, pero siempre respetando el dolor en silencio. En función de la adaptación y el apoyo que tenga cada persona, irá cambiando su centro de atención y su respuesta emocional, como le ocurrió a Jorge:

La vida me dio la oportunidad de ver con quién contaba: muchos más amigos de los que había imaginado. Cuando abrí los ojos y empecé a ver lo que estaba pasando, fui consciente de que se preocupaban por mí porque me querían. Ese fue mi gran descubrimiento: la gratuidad. Descubrí que yo era importante para otras personas y que apostaban por una empresa en quiebra que era mi vida. Lo importante era el sustantivo Jorge por encima de cualquier adjetivo.

Poco a poco te vas dando cuenta de que hay cosas que van a cambiar, pero sabes que esas personas, pase lo que pase, estarán conmigo.

Me caí como un equilibrista en la cuerda floja y lo que me atrapó fue la red; sentía que me decían: «No te vamos a dejar caer al abismo».

Seguramente conocemos a personas extraordinarias, pero lo que quiero destacar es que la diferencia en mi vida no la han marcado personas extraordinarias sino lo extraordinario de las personas. Yo adquirí, sin pedir, una deuda de gratitud que no me va a alcanzar la vida para pagar.

Jorge Font tuvo que aprender a vivir de nuevo, pero no renunció a su pasión por el esquí acuático. Decidió llevar una vida normal como deportista y volvió a esquiar, aunque a partir de aquel momento tuvo que hacerlo sentado. Pero, sobre todo, encontró la manera de no recluirse en sí mismo. Comparte con nosotros la actitud que adoptó para salir adelante:

> Nunca me pregunto cómo habría sido mi vida de otra manera. El victimismo es la droga más barata porque crea adicción y no cambia la realidad.
>
> Mis mayores alegrías tienen nombre y apellidos. Son Tere, mi mujer, y Pablo, mi hijo. Lo paso muy bien con ellos. Con lo que más disfruto en la vida es esquiando con Pablo. Me encanta compartir su risa. Encuentro alegría en muchas cosas.

El optimismo y la ilusión son los motores que ponen en marcha nuestra vida o que la frenan cuando faltan. También actúan como reguladores para amortiguar los golpes y poder seguir apuntando en la dirección que queremos, a pesar de que algo no haya salido bien. Jorge en esa tesitura opone al pesimismo de la razón el optimismo de la voluntad, y a través de esos mecanismos redescubre el sentido de su vida.

> Cuando la vida te da un zarpazo, te das cuenta de que la vida es más grande que uno. La gente me ve con una enorme fortaleza frente a la adversidad, y yo creo que eso es apariencia. Como una pantalla o máscara. Yo creo que la mayor fortaleza es la fragilidad de reconocerse imperfecto.
>
> La discapacidad me recuerda todos los días que soy frágil, imperfecto, y me ayuda a poner los pies en la tierra y a no ser tan soberbio. Cuando algo te va bien y te aplauden te lo puedes creer, pero llegas a casa y aterrizas en tu realidad, la de que alguien te tiene que ayudar para todo.

Lamentarse es un freno

Todo lo que nos sucede nos deja huella, para bien o para mal, y determina nuestra salud mental. Vivir es encontrarse con la incertidumbre, con el interrogante de un futuro que no ha llegado y no sabemos si llegará.

¿Podemos afrontar las frustraciones que aparecen de forma inexorable en nuestra vida? Cuando ocurre algo que cambia bruscamente nuestros planes, la primera reacción es de gran angustia, porque el psiquismo es incapaz de asimilar el impacto para dar una respuesta adecuada. Ante esa amenaza, que nos inquieta y pretende robarnos la felicidad, hay que estar alerta para combatirla.

Ante la frustración las personas reaccionan de dos maneras distintas: las que son más emotivas, reciben el impacto de forma directa en el corazón y son más vulnerables, mientras que las que son más racionales, se distancian para enfriar la respuesta emocional. No obstante, en ambos casos, el impacto que recibimos nos interpela y nos saca de nuestra burbuja vital.

Vivimos en una sociedad anestesiada, y reflexionar es un lujo que pocas veces nos podemos permitir. Por eso el sufrimiento puede ser la gran escuela de la vida donde aprendemos a conocer nuestra verdad más íntima.

Ante la adversidad es importante contar con el respaldo necesario para desarrollar estrategias de respuesta que no sean destructivas, como señala Jorge Font:

> Tengo la suerte de tener una vida equilibrada. Me gusta mi trabajo y disfruto con lo que hago. Yo quería ser médico por varias razones. En primer lugar, por curiosidad intelectual, porque me gusta estudiar; en segundo lugar también por el servicio, porque me gusta ser útil a los demás, y en tercer lugar, porque me siento bien entre las personas. Y creo que la vida me ha llevado a todo esto por otro camino. Me siento un poco como un médico cuando

ayudo a otras personas que han sufrido por distintos motivos. Para mí es más fácil entender lo que está pasando dentro de ellos porque yo ya he recorrido ese camino. He tenido que descubrir rincones de mi corazón y a veces sombras que ahora son útiles para ayudar a otros desde la empatía y la fragilidad.

Y puedo ser un provocador en el desarrollo de otros. La ventaja que tiene la discapacidad física es que se ve. Pienso que todos tenemos otras discapacidades que no se observan desde fuera y que son peores.

La experiencia nos ha enseñado que es más productivo centrar la atención en aquello que funciona y estimula nuestra vida, porque si nos centramos en lo que nos falta, siempre estaremos viendo las carencias y, por consiguiente, nuestra visión se hará cada vez más negativa. ¿De qué sirve quejarse si no hay remedio o la solución al problema escapa a nuestras posibilidades? Es más positivo ocuparnos en lo que podemos hacer y está a nuestro alcance. Jorge Font también comprendió que ese es el correcto punto de partida para empezar a construir el futuro.

La cultura de la queja se usa mucho y no vale la pena vivir así. «Deja de protestar y haz algo», me gustaría gritarles. Cuando algo no sale bien, hay que volver al entrenamiento mil veces hasta que salga de forma automática. Y pensar que hay cosas que te divierten y otras que te convierten.

La vida se puede vivir desde dos actitudes: la del reclamo o la del regalo. Cuando se vive la vida como un regalo, y se regala a los demás, nunca se queda uno solo. Es hacerse persona a los ojos de otro.

La fortaleza no solo es patrimonio de los hombres

También hay mujeres que en apariencia podrían parecer frágiles pero se crecen por dentro ante las dificultades. Este es el caso de Anne-Dauphine Julliand, una periodista parisina de treinta y nueve años y madre de cuatro hijos que tuvo que sobreponerse a la pérdida de uno de ellos, una niña que no llegó a cumplir cuatro años debido a una enfermedad degenerativa, la cual ha heredado también la segunda hija de Anne-Dauphine.

Quise conocerla cuando participaba como ponente en el Congreso de Jóvenes con Valores que se celebró en Madrid y al que asistieron más de dos mil personas. Me interesaba hablar con ella porque, casualmente, unos días antes, había ido a verme a la Fundación Humanae una chica muy joven, Cristina, que me impresionó por su temple al explicarme su situación, muy parecida a la de Anne-Dauphine. Debido a ese paralelismo, era evidente que el testimonio de esta última iba a ser de gran ayuda.

Anne-Dauphine Julliand: una mujer vital y valiente

«Hay que llenar de vida los días cuando no se pueden añadir días a la vida. No importa la duración de una vida, lo que importa es el amor. La historia de mi hija es una historia de amor que ha cambiado mi vida.»

Thaïs nació el 29 de febrero de 2004. Todo en ella era especial, incluso el día de su nacimiento: era domingo de un año bisiesto. Nació marcando la diferencia. Lo que no sabíamos es que el día que cumplió dos años ya había vivido más de la mitad de su vida. Murió con tres años y nueve meses. Como explica Anne-Dauphine, cuando a ella y a su marido les comunicaron la gravedad de la enfermedad de Thaïs, fue un golpe muy duro:

> Un día paseando por la playa le dije a mi marido que no podía ser más feliz. Tengo todo lo que siempre he querido, le dije, el amor de mi vida, un marido perfecto, un hijo y una hija, un buen trabajo.

Nos acabábamos de comprar un piso, teníamos coche, estábamos de vacaciones… Todo lo que da felicidad en la vida lo teníamos. Al acabar la frase, me di cuenta de que mi pequeña Thaïs no caminaba bien. Estábamos paseando por una playa de Gran Bretaña y los niños iban delante. Sentí miedo porque yo quería que Thaïs fuera perfecta.

Cuando volvimos de vacaciones y la llevamos al médico nos dijeron que su problema no estaba en el pie, sino que tenía una enfermedad terrible, irreversible, degenerativa… Thaïs se iba a morir en poco tiempo, quizá meses o años. Desde el primer momento nos dijeron que no tenía curación.

No puedo contar lo que me pasó en el corazón en ese momento. Un verdadero tsunami. Algo que destruía por completo todos mis sueños, mis proyectos, mi vida.

Thaïs tenía leucodistrofia metacromática, que es una enfermedad genética degenerativa, irreversible. Eso significaba que, a medida que pasara el tiempo, Thaïs iría perdiendo sus capacidades, dejaría de caminar, no podría hablar ni tragar, perdería la vista y el oído, y empezaría a sentir grandes dolores. Sus padres tuvieron que decidir rápidamente lo que iba a ser mejor para su hija mientras pudieran estar a su lado.

Cuando supimos lo de Thaïs solo había dos alternativas: quedarnos paralizados llorando hasta su muerte o vivir, con la ilusión de hacerla feliz cada segundo del día. Esto último fue lo que decidimos hacer. Decisión que no es más que un acto de amor.

Había oído la frase de un médico que decía: «Cuando no es posible añadir días a la vida, siempre se puede añadir vida a los días», y eso cambió nuestra vida. No podíamos curar a Thaïs y decidimos hacerla feliz. Por la tarde celebramos su segundo cumpleaños.

Loïc y Anne-Dauphine también tenían un hijo mayor, Gaspard, de cuatro años. Cualquier otro niño de su misma edad en esa situación podría haber sentido cierto rechazo hacia una hermana pequeña que acaparaba toda la atención de sus padres, pero Gaspard fue tan perceptivo que comprendió lo que estaba sucediendo y tuvo tal madurez que se comportó como lo habría hecho un adulto, hasta el extremo de acercarse por la noche varias veces a la cama de su hermana para asegurarse de que seguía respirando. Gaspard conmovió a sus padres por su bondad, por la forma que tuvo de querer y de cuidar a su hermana Thaïs. Fue una verdadera lección, difícil de imaginar para muchas personas.

En ese momento, en 2006, Loïc y Anne-Dauphine esperaban la llegada de otro hijo, y el miedo se apoderó de ellos: ¿le pasaría lo mismo al bebé? Según los médicos, había un 25 por ciento de probabilidades de que así fuera.

A partir de entonces, Anne-Dauphine dejó de mirar hacia el futuro para vivir el presente, el día a día de la pequeña Thaïs como lo que era, un precioso regalo. Y comenzó una batalla diaria por la vida. Toda la familia empezó a participar con intensidad en sus juegos infantiles, en sus visitas al médico, en los momentos de alegría y de dolor.

Loïc y Anne-Dauphine comprendieron que son las pequeñas cosas de la vida las que nos hacen felices, aunque a veces no sepamos darles el valor que tienen por lo cotidiano. Pero, sobre todo, supieron que no debían hacerse preguntas, sino pasar a la acción, como explica Anne-Dauphine:

Loïc y yo nunca nos hemos preguntado: «¿Por qué a nosotros?». Esta pregunta te vuelve loca porque no tienes respuesta. Puede haber una explicación genética, pero no hay respuesta.

Hoy no me importa el porqué, porque he descubierto el para qué. Nuestra manera de actuar es lo que da sentido a la vida. No importa la duración de la vida porque lo que importa es el amor.

Thaïs fue mi maestra para aceptar la enfermedad. Ella, siendo tan pequeña, supo aceptar, con una sonrisa siempre, que su vida fuera distinta de la de otros niños.

Encaró la enfermedad con la fortaleza de un gran felino y la fragilidad de una libélula, porque día tras día, durante tres terribles años, la enfermedad se fue apoderando de su diminuto cuerpo hasta doblegarlo.

Nos avisaron de que al final de su vida iría perdiendo facultades hasta quedar reducida a un estado vegetativo; sería solo un corazón latiendo. El médico tenía razón. Lo pensé mucho durante ese tiempo. Un corazón latiendo es solo AMOR.

Cuando Anne-Dauphine dio a luz a Azylis, una niña preciosa, les comunicaron que también padecía la misma enfermedad, que estaba en los genes de la niña. No obstante, afortunadamente, podían hacerle un trasplante de médula ósea para evitar que se desarrollara.

Cinco años después, Anne-Dauphine, quien como su hija Thaïs parece frágil por fuera pero es fuerte, muy fuerte, por dentro, nos dice:

Se puede vivir con el dolor, es solo una parte de la vida. Hay que aprender a ser feliz asumiendo con naturalidad lo que venga. Mi segunda hija, gracias a un trasplante de médula, con apenas semanas, pudo salvar su vida, pero la pequeña ha desarrollado la enfermedad.

Hoy, con cinco años y medio, ni camina, ni habla ni puede comer sola. Sin embargo es feliz, increíblemente feliz, porque sabe que, ante todo, la queremos por lo que es, no por los años que va a vivir, que no sabemos cuántos serán.

Anne-Dauphine está convencida de que «podemos y debemos» sobrevivir a la tragedia, aunque quede una herida «que no cicatrizará nunca». Ella, antes de cumplir cuarenta años, sintió que ya estaba preparada «para ascender cualquier montaña», por muy alta que pudiera ser, y tuvo que subir «un Everest», cuya cima logró culminar «arropada por mucha gente», a la que estará eternamente agradecida.

Anne-Dauphine Julliand contó su experiencia en el libro titulado *Llenaré tus días de vida*. Escribir le sirvió de terapia —aunque, según dice, no empezó a hacerlo con este propósito— y para darse cuenta de que podemos ser felices «a pesar de las pruebas difíciles a las que nos somete la vida». Su libro recoge un conmovedor testimonio sobre la fuerza del amor y la importancia de exprimir el poco tiempo que le queda para hacer feliz a su hija. Es una historia real y dura, donde se hilan con finura el sufrimiento, la esperanza y el optimismo. La actitud de Loïc y Anne-Dauphine es realmente encomiable, porque en ningún momento se han dado por vencidos, sino todo lo contrario, y cada noche agradecen que su niña haya vivido un día más.

La felicidad es una decisión

Dicen que la vida es como el café, con un fondo de posos y amargor, pero también es fácil de endulzar con un poco de azúcar. Esta es una manera sencilla de decir que tendemos a percibir la realidad en función de nuestras experiencias personales.

Cuando vivimos una situación cualquiera, procesamos esa información en nuestro cerebro y automáticamente se desencadenan una serie de reacciones bioquímicas que impregnan el acontecimiento y afectan a los pensamientos y las emociones que lo acompañan. De esta forma, dado que las emociones son producto de la química en nuestro cerebro, generar cambios en las emociones depende de nosotros. Esto, aunque a veces no es fácil lograrlo sin ayuda profesional, es de vital importancia para construir una vida más feliz. Por tanto, puede decirse que no vemos la vida como es sino como somos.

También podemos aprender a elegir entre los pensamientos y actitudes aquellos que ayudan a conseguir la meta que nos proponemos, o decidir, si los resultados obtenidos no nos gustan, qué es lo que debemos cambiar para lograrlos. Pero si ante las mismas circunstancias seguimos repitiendo los mismos comportamientos y pensando lo mismo, no cambiaremos. Porque cambiar es pensar de manera distinta en las mismas circunstancias, lo que significa que debemos forzar al cerebro a disparar nuevas secuencias neuronales para que nuestra actitud cambie. Y eso requiere esfuerzo y entrenamiento. La solución es empezar a cambiar la forma de pensar y de actuar.

Vulgarmente se dice que en la vida llega más lejos el que quiere que el que puede, y está comprobado que el rendimiento académico depende en mayor medida de la actitud más que del coeficiente intelectual. De ahí la importancia de los conceptos actitud y aptitud. Como decía Winston Churchill, la actitud es más importante que la aptitud. Aptitud es poseer la capacidad para realizar una tarea, función o actividad: preparación y estudio, habilidades y destrezas. A diferencia de ello, la actitud es un estado de ánimo que inspira una conducta enfocada al logro de los objetivos propuestos. Es cierto que cada persona tiene sus capacidades y circunstancias, pero todos somos responsables de nuestras actitudes ante la vida, y estas se pueden cambiar.

Podemos encontrar personas que, lejos de pensar que está en sus manos cambiar su futuro, se quedan prisioneras de una percepción negativa de los acontecimientos. En esos casos se encierran en un diálogo interior negativo, empobrecido y sin fuerza, que cada vez va calando más en su interior. Los sentimientos negativos acerca de uno mismo, del entorno y del futuro llevan al individuo a desarrollar miedos, problemas de inseguridad y baja autoestima, y generan ansiedad. Normalmente, esas personas reúnen tres características fundamentales:

• La necesidad de aceptación, dado que creen que la felicidad depende de contar con el afecto de los otros; por lo tanto, perciben el rechazo como una amenaza.

• La falta de competencia, puesto que creen que son inferiores a los demás.

• El temor al futuro, a no estar capacitadas o a que los demás puedan controlarlas.

Estos argumentos se llaman «errores cognitivos» porque parten de una percepción equivocada que imposibilita la adaptación a las circunstancias que nos depara la vida. Se presentan como pensamientos automáticos que se imponen de manera irracional, son difíciles de remover y presentan una tendencia a dramatizar la situación. Mientras que las personas optimistas son proactivas porque tienden a pensar que sus problemas son pasajeros y controlables, las personas pesimistas consideran en cambio que las dificultades son irremediables y, como lo ven difícil, no se esfuerzan o no hacen nada para solucionar el problema. Por tanto, la actitud que adoptamos ante la vida es la que nos condiciona. Esta idea la expresó muy bien William George Ward, cuando escribió: «El pesimista se queja del viento, el optimista espera que cambie, el realista ajusta las velas».

Por todo ello podemos concluir que la felicidad es consecuencia de una decisión que todos podemos tomar.

El humor como supervivencia

El sentido del humor podría definirse como la actitud que permite fijarse en lo cómico o ridículo de una situación y manifestarlo logrando un doble juego entre las palabras y la emoción. Es algo típicamente humano y de personas inteligentes. No tiene nada que ver el «hacerse el gracioso» con que algo les haga gracia a los demás. Tampoco es humor reírse de los otros, y menos aún del sufrimiento ajeno.

Entrenarse en el sentido del humor es un deporte que debe ejercitarse cada día, y más en situaciones límite. Viktor Frankl cuenta cómo aprendió a desarrollarlo en el campo de concentración para sobrevivir:

> La vida era tan difícil allí que teníamos que reírnos de cualquier cosa para eliminar las tensiones. A veces nos inventábamos historias divertidas que podrían suceder al día siguiente de nuestra liberación... Una especie de truco que aprendimos mientras dominábamos el arte de vivir sobreviviendo. Cuando el sufrimiento está omnipresente, el humor puede proporcionar el distanciamiento necesario para sobreponernos a cualquier situación, por difícil que esta sea.

Pero no hay que confundir el humor con la risa. La risa es una respuesta biológica, espontánea, a un estímulo —a veces incluso puede ser nerviosa—. Por ejemplo, un bebé recién nacido, cuando responde con una sonrisa a cualquier estímulo, lo hace de forma innata. Nadie le ha enseñado, pero es su manera natural de comunicarse. Hay estudios que avalan que un bebé sano y bien atendido se ríe unas trescientas veces al día. Los adultos más risueños conservan esta tendencia, pero el promedio se reduce a la tercera parte y, en general, muchas personas pueden pasar días sin ni siquiera sonreír.

Por tanto, la risa es algo instintivo y contagioso que necesita la presencia de otros para ser compartida. Es la expresión de tener una autoestima sana y un buen ajuste psicológico, porque, al eliminar la tensión, protege contra la enfermedad depresiva y evita el estrés. Se recomienda incluso para mejorar la enfermedad física porque protege de problemas cardiovasculares. E, incluso, una simple sonrisa pone en marcha cientos de músculos, algunos de la cara, que muy pocas veces ejercitamos, por lo que es muy aconsejable practicar este gran deporte.

La persona que sonríe tiene muchas posibilidades de establecer sanas relaciones interpersonales. Interaccionar con la gente seria es en cambio más difícil y tiende a evitarse. Por ello, se puede decir que la sonrisa es la distancia más corta entre dos personas. Además, algunos estudios indican que los que saben reírse de sí mismos, anticipándose a la risa de los demás, son mejor aceptados por otros y socializan con facilidad.

No obstante, el sentido del humor es algo más profundo y está ligado a la inteligencia —en el sentido de *intus-legere*, leer hacia dentro—, y nos ayuda a conocernos a nosotros mismos, pues impregna a la totalidad de la persona: pensamientos, sentimientos y conducta. Gracias a él, podemos filtrar ideas irracionales que nos hacen sufrir y que vistas desde fuera son absurdas, relativizar en un instante el drama, liberar la tensión que genera el sufrimiento y desdramatizar nuestras actitudes. Así, tener sentido del humor es reírse desde dentro, mirar la vida sin darle tanta importancia, por lo que nos permite frenar la conducta, descargar las tensiones, evitar el desgaste y flexibilizar la mente.

Tener buen humor también genera un clima de confianza que atrae a las personas cercanas. Cuando no hay sentido del humor, las discusiones se tornan más frecuentes, porque cada uno se instala en su propia visión, generalmente rígida e irreconciliable con las demás, originándose en ocasiones grandes dramas por pequeñas disensiones.

Por otro lado, nadie duda de los efectos positivos del buen humor sobre la salud y sobre la felicidad. En Italia se dice: «quando il corpo sta bene, l'anima balla». Dado que esta se construye enfatizando dos aspectos necesarios: el desarrollo equilibrado de la personalidad y tener un proyecto de vida que se vaya consiguiendo día a día en la esfera personal, afectiva, laboral y social, y que integre los placeres sencillos de la existencia.

4

Vivir sin miedos: dos historias de resiliencia

Vivimos inundados de malas noticias. Nueve de cada diez noticias con las que desayunamos son terribles. Y este es el alimento diario de nuestro cerebro adulto, que, así, se llena de miedos. Desconozco en qué se basan los medios de comunicación para esparcir tanta desesperanza, aunque se dice que las malas noticias venden más que las buenas. Y quizá tengan razón, porque el ser humano, cuando está mal, queda anestesiado emocionalmente al saber que el de al lado está aún peor. Es una especie de consuelo infantil.

En la actualidad la Organización Mundial de la Salud nos alerta del peligro de la depresión, una epidemia silenciosa que invade la tierra y está generando una marea que, si no la frenamos, afectará a una de cada cuatro personas antes del año 2020. Pero los grandes cómplices de la epidemia son los que contemplan esa realidad y no hacen nada para evitarla. Entre todos, por desgracia, estamos contribuyendo a crear una sociedad complicada, muy competitiva, que irremediablemente empuja a las personas a desarrollar problemas psicológicos. Cada día aumentan las tensiones, con su cortejo de ansiedad, agresividad y adicciones, en un intento de sacar de nosotros el malestar de la frustración. Y este modo de vivir es el caldo de cultivo ideal para el estrés y las depresiones.

A nadie se le escapan las dificultades con las que nos encontramos para llevar a cabo nuestro proyecto de vida, y todos somos conscientes de que estas complicaciones generan diferentes grados de tensión emocional. Sabemos, por ejemplo, que el miedo es la gran trampa, porque nos atrapa y nos bloquea. Es una forma de autodefensa que sirve para protegernos de un peligro real o imaginario, y es también un mecanismo positivo de nuestra mente, pero solo cuando responde a una amenaza real. Porque, en muchas ocasiones, puede ser un potente freno a nuestras capacidades que nos impide crecer, y hay que procurar vencerlo.

Los miedos del hombre de hoy

En la sociedad actual el miedo se ha materializado, es decir, ha dejado de considerarse «el miedo» para convertirse en «los miedos». Hemos pasado de tener un miedo trascendente, absoluto, que comprometía la propia supervivencia y la eternidad, a tener miedos cotidianos, empequeñecidos por nuestra estrechez de miras, que nos llevan prácticamente a ahogarnos en un vaso de agua. Hoy, los miedos se han hecho familiares y se han generalizado. Así, tenemos miedo al dolor, al compromiso, a la enfermedad, al sufrimiento, a la vejez, a la pérdida del trabajo o del bienestar... Pero todos ellos son miedos que deberíamos afrontar en lugar de evitarlos, porque esto cada vez nos hace más vulnerables y nos conduce al estrés y la depresión.

Como hemos subrayado, el motor que mueve cada uno de los acontecimientos es el propio ser humano. Él es el que se esfuerza por proponerse objetivos y sufre al no conseguirlos, y el que toma decisiones y afronta las consecuencias de sus equivocaciones. Por todo ello, saber frenar el estrés en nuestra vida cobra enorme importancia. El estrés es la respuesta de nuestro organismo ante una demanda demasiado exigente, que excede nuestros propios recursos, bien por su intensidad o bien por el hastío de llevar soportando esa carga demasiado tiempo. Si logramos atenuarlo, habremos vencido también «los miedos».

Consciente e inconsciente

El cerebro del ser humano tiene capacidad de autoorganizarse con los datos que recibe, a medida que interpreta esta información para buscar siempre el sentido. Esto es algo que nos diferencia claramente de cualquier otra especie.

Nuestros sentidos recogen la información del exterior y esta se traduce en señales eléctricas que activan partes del cerebro a través de mediadores químicos (neurotransmisores, neuropéptidos, citoquinas, hormonas), que a su vez pasan la información de neurona a neurona a través de las sinapsis o conexiones neuronales.

Nuestro cerebro es muy creativo, pero debemos dar a las impresiones sensoriales el significado que las ha provocado, para que la interpretación sea correcta. Las vías de la información se van configurando a lo largo de la vida y, en este sentido, tiene gran importancia el papel que desempeñan las emociones en el encéfalo. Una parte de él es el sistema límbico, que resulta fundamental para la expresión y la regulación de las emociones. Y dentro de este hay tres partes importantes: la amígdala cerebral, el hipocampo y el hipotálamo.

La amígdala registra las emociones de pavor, miedo y ansiedad. Se activa de forma instantánea cuando una persona tiene miedo y, a veces, su reacción puede ser incapacitante. Los miedos pueden instaurarse en edades tempranas y permanecer en la edad adulta, a tal punto que la persona puede hacerse insegura.

Muy próximo a la amígdala se encuentra el hipocampo, que procesa la memoria y responde a las manifestaciones de ansiedad de la amígdala. Si ocurre algún suceso que provoque miedo, cada vez que nos acerquemos a ese lugar o parecida situación, la amígdala se encargará de despertar nuevamente la ansiedad. Esta función es buena para la supervivencia, porque conviene, por prudencia, evitar ponerse de nuevo en una situación de peligro. Por ejemplo, si una persona ha tenido una experiencia negativa en un hospital, cada vez que vuelva a entrar en otro puede activarse de forma automática en ella esa reacción.

El complejo hipotálamo-hipófisis responde a estas señales produciendo hormonas, en este caso las de estrés, que activan otras partes del cuerpo. Cuando se han sufrido traumas en edades tempranas o se han inducido temores por vivir sobreprotegidos, estas redes pueden quedar dañadas de forma permanente y posteriormente ponerse de manifiesto ante nuevas situaciones estresantes, aunque sean de poca entidad.

En condiciones normales, estas conexiones se van modificando y adaptando a lo largo de toda la vida con nuestras propias experiencias. Cuando repetimos muchas veces una tarea que requiere el mismo mapa mental al principio requiere mucha atención pero acabamos por automatizarla, y se realiza de forma inconsciente, como sucede cuando conducimos. Pero también ocurre lo mismo con otros procesos más complejos.

Desde niños desarrollamos una serie de valores, modos de vida, prejuicios y estereotipos, que se integran en nuestro cerebro y forman parte de nuestra manera de ver la vida. A veces nos preguntamos: ¿por qué siempre me pasa lo mismo? La respuesta es: porque siempre se activa de forma inconsciente el mismo circuito neuronal.

Sin embargo, igual que hemos configurado esa estructura cerebral, podemos identificarla, ver los aspectos negativos que tiene y traerla de nuevo a la conciencia para poder modificarla. Para realizar ese cambio habrá que forzar al cerebro a que ponga en marcha otros circuitos cerebrales.

Se puede reconfigurar esa red neuronal modificando el pensamiento, haciendo otra lectura de lo que nos pasa. Necesitaremos aprender a interpretar los acontecimientos de otra manera, a reflexionar sobre nosotros mismos para hacer una valoración de nuestra propia persona y de la vida con un enfoque más positivo. Quizá esto cueste trabajo lograrlo, pero se puede contar con profesionales de la psicología, a los que podemos acudir no solo cuando se padecen problemas o crisis emocionales, sino incluso antes de que se haya producido el daño para poder corregirlo a tiempo. Es decir, cuando alguien quiere entrenarse para vivir adecuadamente cada acontecimiento vital y lograr que su vida sea más feliz.

El estresor como amenaza o como desafío

Llamamos «estresor» al acontecimiento que nos desestabiliza, nos rompe el equilibrio y nos mueve a actuar. Dependiendo de cómo sea la persona, se puede percibir como una amenaza o como un reto. Cuando se percibe como una amenaza, activa el sistema hipotálamo-hipófiso-adrenal y produce una serie de reacciones hormonales para dar respuesta a esta situación de estrés. Cuando nuestro cerebro percibe ese estímulo como un desafío y nos sentimos capaces de superarlo, la reacción se dirige directamente al sistema médulo-adrenal y provoca un aumento de adrenalina, para manifestarse en una respuesta de mayor alerta. Ambas reacciones pueden explicar los distintos comportamientos que, frente a la comida, tienen las personas estresadas. Cuando estas estimulan la primera vía, la de la amenaza, aumentan la ingesta de alimentos, pero cuando activan el sistema médulo-adrenal, se inhiben y controlan el consumo.

El objetivo de las modificaciones hormonales, neuroquímicas, inmunológicas, metabólicas y del comportamiento que se producen ante una situación percibida como estresante es readaptar el organismo a las nuevas necesidades y, de esta manera, restablecer el equilibrio psicofísico alterado. Por tanto, en esta respuesta participan de forma muy importante el sistema endocrino y el sistema inmune, y a su vez todo está regulado por el sistema nervioso central.

Sin embargo, cuando el estrés es demasiado intenso o prolongado, fracasan las reservas y ya no puede recuperarse el equilibrio necesario; aparece entonces la enfermedad, los problemas cardiovasculares y digestivos, la hipertensión, las infecciones, etc., en el órgano o el sistema más vulnerable de cada persona.

El cuerpo y la mente siempre están unidos en la salud y en la enfermedad, de tal manera que si un hábito bueno o malo se abre camino, a través de la repetición se reproducirán las reacciones bioquímicas cerebrales acostumbradas. Incluso los rasgos de la personalidad, que se van configurando con el paso de los años, cambiarán a medida que se modifican los neurotransmisores, y resultarán positivos o negativos.

¿Cómo podemos lograr ese cambio? Cuando alguien decide pensar y actuar de otra manera, se modifican los receptores, y al no enviar esas órdenes negativas a nuestro cerebro, este deja de segregar las sustancias químicas correspondientes y disminuye la función. A su vez, el hipotálamo envía otras señales al cerebro para que nos sintamos mejor.

El cerebro es el órgano que regula funciones vitales tan importantes como el metabolismo y el sistema cardiorrespiratorio, y también es el responsable de adaptar el organismo a los cambios medioambientales. De esta manera, se convierte en un actor principal en la garantía de la supervivencia de los individuos. No en vano, el cerebro en su evolución llegó a la etapa de los primates con el desarrollo del neocórtex, y la consecuencia de esto fue contar con la capacidad para incorporar el razonamiento y la inteligencia superior de los homínidos.

Durante muchos años se ha considerado la razón como definitoria de la raza humana; sin embargo, cada vez somos más conscientes de que las emociones interactúan con el pensamiento racional y son capaces de redirigirlo. Esto nos puede llevar a pensar en la importancia de las emociones en nuestros actos y hasta qué punto su vivencia moldea las respuestas de nuestro cerebro.

Nuestra reacción ante el estrés

La reacción ante el estrés es la defensa de nuestro organismo para adaptarse a la nueva situación, y por tanto en sí misma es algo positivo. Si la amenaza es continua o, aunque remita, la seguimos percibiendo como presente, nuestro organismo sigue enviando al cerebro las señales de alarma y este continúa generando la respuesta al estrés. Esto supone un desgaste importante y determina una serie de síntomas nocivos para la salud psíquica y, con frecuencia, también física.

Tradicionalmente se ha estudiado la psicobiología del estrés haciendo hincapié en las aportaciones del científico austrohúngaro Hans Selye, quien definió la respuesta al estrés en tres fases:

1. Reacción de alarma. Esta primera fase corresponde a una reacción de shock y la respuesta de estrés intenso cuando el organismo se dispone para el afrontamiento, la lucha o la huida. En esta fase se movilizan los recursos del organismo a través del sistema simpático-adrenal. Son conocidos los efectos que produce: aumento de la tensión arterial y la frecuencia cardíaca, disminución de la secreción de insulina y aumento de ACTH, hormona tiroidea y esteroides adrenocorticales.

2. Fase de resistencia. En esta fase el organismo reacciona intentando adaptarse a la demanda exterior, y la reacción de shock inicial desaparece. La activación fisiológica disminuye, si bien se mantiene por encima de lo normal. Al adaptarse, la persona muestra pocos signos externos de estrés, pero la capacidad para resistir está disminuida e interiormente aparecen somatizaciones y proble-

mas de salud: hipertensión, asma, úlcera y enfermedades autoinmunes.

3. Fase de agotamiento. Si la situación se mantiene durante bastante tiempo, aparece esta tercera fase con la enfermedad manifiesta por el estado de activación autonómica y neuroendocrina (cortico-suprarrenal) con síntomas de angustia, indefensión, miedo, ansiedad y depresión, que expresan el fracaso adaptativo y generalmente la disminución de las defensas del sistema autoinmune, y puede acabar en la muerte por sobreprolongación del estrés.

En los últimos años se ha incidido en la importancia de la percepción como factor clave en el desarrollo del estrés. Las investigaciones de John Mason han aportado el concepto de «estrés emocional», que considera que la reacción fisiológica de estrés descrita por Selye viene determinada por la percepción de cada persona ante una situación problemática determinada.

Y es que ante una amenaza, ya sea real o imaginaria, nuestro cerebro provoca una reacción de estrés, pero frente a una misma situación cada persona responde de forma distinta, dependiendo de su percepción y de factores neurobiológicos, genéticos, etc. Por ese motivo hay distintos tipos de vulnerabilidad ante el estrés. También las personas que han desarrollado pocas habilidades sociales o que tienen escasa seguridad en sí mismas acusan con mayor intensidad el miedo, y su reacción ante el estrés les genera más problemas.

Así, pues, las personas que padecen estrés muestran una conducta que responde a la visión global negativa de sí mismas, del entorno y del futuro. Se sienten fracasadas porque interpretan los acontecimientos negativos puntuales como signos de su incapacidad total, tienen una visión negativa del entorno como un obstáculo insuperable y su visión de futuro las lleva a la pasividad para emprender tareas, porque piensan que el futuro está cerrado y no tiene sentido emprender nuevos retos.

Los mecanismos que se ponen en marcha ante una amenaza son los necesarios para afrontar el conflicto o para huir de él, como el aumento de la tasa cardíaca, la presión sanguínea y la respiración, que nos permite activar la fuerza física para hacer frente a esa amenaza o huir. También se ponen en marcha mecanismos cognitivos, emocionales y de comportamiento, por lo que podemos sentir angustia, tristeza, incapacidad personal para afrontar el conflicto o manifestaciones somáticas.

Contamos con una buena herramienta para medir las manifestaciones que provoca el estrés en cada una de las dimensiones de la persona y contabilizar su intensidad en síntomas: físicos, psíquicos, de conducta, cognitivos y asertivos; y es muy práctica porque podemos concretar la psicoterapia adecuada a cada persona y a su nivel de estrés (*véase* Anexos).

Este nuevo enfoque defiende la idea de que, además de controlar el estrés para que no alcance niveles nocivos, podemos aprovechar esa activación para convertirla en algo positivo cambiando psicológicamente nuestra percepción. Por tanto, debemos incidir en el significado de lo que está pasando y en cómo enfocarlo para que nos beneficie. Es decir, si queremos que las consecuencias sean otras, tendremos que ir a la raíz del problema para cambiarlo, para que esa situación se transforme en oportunidad. En ese caso estaríamos desarrollando nuestra capacidad de resiliencia. Cuando no tenemos esa capacidad de afrontar la adversidad, después del estrés suele aparecer la enfermedad.

Estrés y resiliencia tienen su origen en la física, y ambos conceptos se relacionan con la capacidad de resistencia de un material a ser dañado por una presión externa, considerándose el estrés como la fuerza que puede resistir un material hasta ser deformado sin posibilidad de recuperación, y la resiliencia como la capacidad de resistencia y recuperación sin deformarse definitivamente.

Es evidente que no todos tenemos el mismo grado de resiliencia, ya que este está condicionado por diferentes factores:

- Biológicos: vulnerabilidad genética, temperamento, carácter y capacidad intelectual.
- Psicológicos: psicoeducación y acontecimientos vitales que marcan en positivo o negativo nuestra existencia.
- Sociales: fuentes de apoyo externo.

Por tanto, habrá personas con mayor vulnerabilidad para enfermar o para mantener una mejor calidad de vida ante situaciones adversas. Nuestro cerebro es el responsable de la supervivencia, y en esta crítica misión cobran una importancia trascendente las emociones, que influyen de gran manera en nuestra salud.

Martha Rivera: frente al estrés del cáncer

Martha Rivera es profesora desde hace dieciocho años en la escuela de negocios IPADE de la Universidad Panamericana de México. Combina la docencia y la investigación con la consultoría de empresas. Ha sido presidente del Centro de Investigación de la Mujer en la Alta Dirección. También forma parte de varios consejos de empresas. Es ingeniera bioquímica, y cursó un MBA y el doctorado en el IESE, en Barcelona (España). De Martha destaco una frase: «No limites tus retos; más bien desafía tus límites».

A Margaret Thatcher la llamaban «la dama de hierro». Abrió el camino de la ambición política a las mujeres. No fue fácil. Tuvo que superar muchos obstáculos. También a Martha se le puede aplicar esa frase de Thatcher: «No me pregunte lo que siento, sino lo que pienso», porque podríamos decir de ella que es una mujer con voluntad de hierro. En ambas se puede admirar la rectitud.

Martha aceptó de inmediato la entrevista cuando le comenté que su experiencia podía ser de utilidad para otras personas que están atravesando su misma situación, a pesar de que, como ella misma reconoce, su trabajo no tiene horario.

Yo digo que mi jornada laboral es de medio día porque trabajo doce horas. Mi día comienza muy temprano, normalmente a las siete de la mañana ya empiezo mi actividad, y no regreso a casa hasta las ocho y media de la tarde prácticamente todos los días entre semana, y el fin de semana tengo muchos compromisos. Me gusta hacer deporte y suelo practicarlo seis días a la semana; concretamente me gusta correr y siempre me estoy preparando para correr, algún maratón. Ahora me estoy entrenando para correr el de Washington D. C. el próximo mes de octubre.

Correr maratones es más asequible. Personalmente tengo una familia y un trabajo intenso que me obliga a realizar muchos viajes, por lo que correr es el deporte que tengo más adaptado a mi tipo de vida, y además es gratuito.

En 2005 a Martha le diagnosticaron cáncer de mama y lo afrontó con la misma naturalidad con la que se habría enfrentado a cualquier otro reto. Acostumbrada a superar sus propios límites, bebió ese trago amargo con entereza y espíritu deportivo. Como en un maratón, no pensó en lo que faltaba por recorrer sino en el momento presente. Esa fue su actitud durante seis meses de quimioterapia y 32 sesiones de radioterapia.

Martha ha edificado su vida apoyada en firmes convicciones, pero, además, ha demostrado que le sobran razones, voluntad de vivir y ganas de luchar. Cuando le dieron la mala noticia, Martha reaccionó, tal y como lo cuenta, con entereza:

Me estaba preparando para el maratón de Chicago, en el año 2005, cuando me diagnosticaron un cáncer. Acababa de cumplir cuarenta años y me parecía que estaba en el mejor momento de mi vida: profesionalmente me iba muy bien y personalmente también.

Tenía en ese momento programado mi semestre, viajes, presentaciones de investigación en un congreso en el extranjero, mis clases, consultas a empresas, etc. Sentía la satisfacción del logro y el reconocimiento que aporta el trabajo bien hecho.

En el aspecto físico soy una persona muy fuerte y curtida por el deporte. Con el entrenamiento para un maratón te creces en fortaleza, te pones al límite y ves que puedes. Aprendes a superar el miedo a no poder porque, igual que en la vida, los límites están en nuestra mente.

En mi empresa, cada dos años, nos hacen un chequeo médico rutinario y, como todos, pasé por el protocolo establecido. Cuando me dieron los resultados, me indicaron que tenía una «lesión sospechosa», que es la terminología que utilizan los médicos cuando quieren decir que hay algo malo. Con los resultados, me fui a trabajar como siempre. No es que no le diera importancia, pero no me causó shock en ese momento, ni me imaginé cómo iba a acabar la historia. Mi vida siguió como siempre.

Mi familia no vive en Ciudad de México sino en Querétaro. Mi hermano, que es oncólogo, me dijo: «Esto es muy serio y quiero que te vean mis compañeros aquí y cuanto antes». Mi primera respuesta fue: «Mañana no puedo, pasado tampoco, el siguiente tampoco…». Tuve que dejar pasar unos días para atender los compromisos más inmediatos.

Adaptación ante un nuevo entorno

Todos tenemos el potencial necesario para desarrollar satisfactoriamente nuestra vida y ser felices. Todo depende en gran medida, como hemos ido viendo, de nuestra actitud. Frente a un suceso adverso se tienen dos opciones: dejarse invadir por el impacto y paralizarse, o por el contrario adaptarse, aprender, fortalecerse y reemprender con mayor firmeza la vida. Esto es lo que hacen los resilientes.

Sin embargo, eso no significa no sufrir, ya que las personas resilientes no son invulnerables al dolor. La principal diferencia es que tienen mayor fortaleza mental y no permiten que sus sentimientos dominen su razón. Martha es una de esas personas, y decidió no dejarse vencer, como ella misma me explicó:

> Me plantearon dos soluciones: una más conservadora y otra más incisiva para ir a por todas, e inmediatamente me decidí por la segunda opción. Yo soy de decisiones radicales. Tampoco pensaba buscar un segundo diagnóstico para intentar que me dijeran otra cosa, porque confiaba en lo que mi hermano me recomendaba y confiaba en el diagnóstico de este médico. E, inmediatamente, ese mismo día, me hicieron una cirugía de urgencia.
>
> En unas horas estaba en el quirófano, me extrajeron el tumor, que resultó ser maligno, y siguieron la cirugía de extracción de ganglios centinela, encontraron tres contaminados. Cuando salí de la cirugía mi vida cambió de manera radical. Curiosamente, yo estaba más preocupada por mis obligaciones profesionales que por mi problema o por mi restablecimiento físico. Soy muy responsable y me preocupaba mucho el no cumplir con los compromisos adquiridos entonces.
>
> Tienes dos opciones cuando te sucede algo de este tipo, aceptarlo con resignación, porque no te queda otra alternativa, o decir: tengo que sacarle provecho y con esto me voy a hacer mejor. Mi actitud fue la segunda.

Martha apostó por el crecimiento a partir de la adversidad, y aceptó su situación como parte de la vida, sin dejarse llevar por el victimismo:

> El cáncer me ha enriquecido muchísimo y me ha hecho ser mejor persona. Por eso procuro no olvidar todo lo que reflexioné en esa etapa de mi vida. Me ha enseñado a crecer en un aspecto muy importante que descubrí. A veces, por sacar adelante los pro-

yectos profesionales, dejamos de lado la atención a las personas. Esta situación y el cariño que me mostró tanta gente me ayudaron a descubrir que puedo dar muchísimo más en ese aspecto, y ahora reflexiono bastante sobre ese tema y le doy prioridad.

También he aprendido a valorar más la vida. Aprovecho más los momentos críticos, y pienso en cada coyuntura que tengo que dar el cien por cien hoy. Y eso significa que si hoy estoy con una persona, quizá mañana no respeta esa oportunidad, y trato de vivir mi vida con intensidad, agradeciendo que hoy tengo todas mis capacidades. Doy gracias a Dios, que me ha dado esta segunda oportunidad.

Para Martha, la aceptación de lo que le sucedía fue el primer paso que tuvo que dar para empezar a convivir con su nueva situación:

La vida la programamos con mucho tiempo, pero no somos dueños de ella ni conscientes de que en un momento dado te puede cambiar y no está en tu mano. Asumir eso fue la parte más dura para mí. Ser consciente y hacerte cargo de que tu vida ya no la controlas tú. Es algo que cuesta racionalizar. Darte cuenta de que posiblemente ya no podría hacer todo lo que tenía programado, lo que me aportaba tanta satisfacción, porque había aparecido en mi vida un acontecimiento que jamás me lo esperé. Incluso cuando recibí el resultado pensé: «Me voy a hacer la biopsia, pero después, dentro de un mes, cuando termine el maratón de Chicago».

Tenía esa meta muy clara. Cuando cambia todo eso es una sensación como de impotencia al experimentar que no tengo control sobre mi vida, pero no pierdo la fe, y percibo que la vida no es solo lo de aquí, los acontecimientos inmediatos, sino que hay algo más.

A medida que escuchaba a Martha, fui examinando su perfil de resiliencia y las etapas por las que pasó en su proceso de adaptación al suceso traumático y de superación.

En una primera etapa eso fue lo duro, el desprenderte de tus proyectos, el ser consciente de que ya no controlas tu vida, y en ese momento te planteas si aceptas o no esto.

Después de aceptarlo hay una segunda etapa. Afortunadamente, la gente con la que trabajo, mi jefe, y también mi padre, me dijeron: «Lo primero es tu salud, no te preocupes por nada, recupérate todo el tiempo que sea necesario». Me tranquilizó oírlo, aunque teóricamente lo sabía.

Una tercera etapa es la recuperación. Me sucedió que el brazo izquierdo al extirparme los ganglios no podía moverlo y tuve que estar haciendo rehabilitación para movilizarlo. Me quedé un poco traumatizada y me preocupaba saber si en el futuro iba a recuperar mi brazo al cien por cien para volver a tener una vida normal, porque no podía cargar absolutamente nada, no podía hacer esfuerzos con el brazo y eso sí me impactó bastante.

Martha sintió en primera persona que la vida es prestada, pero, como buena atleta que es, supo que no podía darse por vencida, que la carrera que a veces hacemos de esta vida, en lo profesional o en lo personal, es una carrera de fondo y hay que estar preparado para acometerla.

El deporte también me ha ayudado para afrontar el reto de mi salud. Soy muy disciplinada y esto ha sido importante para el tratamiento. Llevaba un cuaderno de bitácora e iba apuntando los síntomas que sentía con la quimio y lo que me permitía hacer. Y con esto iba midiendo mi capacidad de llevar el sufrimiento. Así, cuando me encontraba mal en el siguiente ciclo de quimio, sabía que eso duraba solo un par de días, y al tercero podría ir a trabajar, por lo que me programaba mi agenda por anticipado, sabiendo lo que podía afrontar y lo que no.

Me preocupó mucho la inmovilidad del brazo, pero también pensé que en el peor de los casos era solo un brazo y que el resto de mi cuerpo funcionaba bien, y esto no me podía limitar.

Las personas resilientes afrontan el futuro sin caer en el victimismo. Ante la discapacidad piensan en lo que les queda para seguir siendo productivos. No se centran en la pérdida sino en todo lo que pueden hacer desde sus nuevas circunstancias. Son retos que interpelan a los que tienden a la queja fácil.

También el apoyo social y encontrar sentido a la vida son factores determinantes para desarrollar la resiliencia, la base para empezar a construir sobre una roca firme, como Martha comprendió enseguida.

Conté con gran apoyo de amigos, conocidos, colegas, familia... O sea, que en ese sentido fue para mí una situación agridulce. En vez de preguntarme: «¿Por qué yo?», me decía a mí misma: «¿Por qué yo no? Si a otras personas les pasa, ¿por qué a mí no?». Y este razonamiento también me aportaba fuerza, saber que yo también podía sufrir lo que otras personas, junto con la idea de aceptar, de fondo, el trago amargo y no hacerlo pasar mal a mi familia. Ese era otro de mis recursos: «Si puedo llevarlo, ¿para qué voy a hacer sufrir a otros...?; al final vamos a perder todos».

También recibí muy buenos consejos que me ayudaron enormemente a asumir que hoy me había tocado a mí, pero que podía con aquello y, al final, si vencía el miedo, sería para mí un crecimiento.

En este tiempo nunca me ha faltado alegría. Es la primera consecuencia de saberse amado, y por lo tanto los sufrimientos pasan a segundo término cuando uno sabe que no está solo.

La fuerza de Marha reside en que no limitó sus retos, sino que, más bien, desafió sus límites. Ese es el paradigma que mejor describe su gran personalidad, basada en la fuerza interior y en una voluntad trabajada día a día. Martha correrá maratones aunque llueva o nieve. No le valen excusas ni se esconde detrás de los obstáculos. Es más, la lluvia y la nieve que encuentre en el camino harán que su desafío sea más grande, y la recompensa al superarlo, aún mayor. Ella dice que el futuro no es la tendencia del pasado. Tampoco es lo que viene, sino lo que vamos a buscar. La enfermedad le ayudó a volar más alto y supo darle a la caza alcance como en sus maratones habituales.

Teresa Silva: frente al reto de la discapacidad

Podría haber sido una de las protagonistas de esa gran campaña publicitaria de ropa deportiva titulada «Imposible is nothing»... Su nombre es Teresa Silva y encarna el espíritu de superación personal a través del deporte. Y fácilmente se le podría atribuir aquella frase de Walt Disney que decía: «Aprendí que los sueños son solamente para hacerse realidad. Desde aquel día ya no duermo para descansar... Ahora simplemente duermo para soñar».

Todo empezó así: cuando tenía treinta años, Teresa Silva sufrió un accidente que dio un giro radical a su vida. Era el año 1989. Formaba parte de la Selección Española de Parapente y estaba entrenándose para el Campeonato del Mundo en Austria. Desde entonces, una paraplejia la unió a la silla de ruedas.

Yo me siento una privilegiada por muchas y variadas razones; una de ellas es por el tipo de lesión que tengo a pesar de mi discapacidad: una paraplejia incompleta, a nivel lumbar, que me permite tener mucha movilidad e independencia. Como deportista y cuando estoy compitiendo, admiro y respeto muchísimo a todos y cada uno de mis rivales; solo el hecho de que estén allí implica que han puesto muchas ganas y mucho esfuerzo.

Tras nueve meses de rehabilitación en el hospital Nacional de Parapléjicos de Toledo, Teresa volvió a su trabajo y a su vida, y empezó a afrontar todas las dificultades que las personas con discapacidad encuentran en su día a día.

Lo que más me sirvió cuando estuve en el hospital fue la visita de una deportista paralímpica. Me dijo que me entendía, que era muy duro dejar de caminar, de correr. Ella no recordaba lo que era caminar, porque tuvo el accidente siendo muy niña. Pero me hizo ver que no tenía que hacerme siempre la valiente para evitar que me compadecieran. ¡No sabes cómo agradecí ese consejo!

Al hablar con Teresa y con otras personas que repentinamente han pasado a depender de una silla de ruedas, descubres que los primeros meses son de negación hasta que la nueva situación es aceptada.

En esos momentos sientes mucho miedo, es algo que crees que nunca te va a pasar a ti. Nadie que está en una silla de ruedas está todo el día machacándose y pensando: «¿Por qué no puedo correr?». Eso no te lleva a ninguna parte. Tienes el momento de negación, pero no es una forma inteligente de afrontar las cosas. Sí es cierto que al principio entras en estado de shock. No estamos preparados. Nadie está preparado, de ninguna de las maneras.

Teresa fue recuperando poco a poco la confianza en sí misma, primero en el trabajo, más tarde también en su tiempo de ocio. Quería compartir con su familia y sus amigos los deportes que le apasionaban: esquí, ciclismo... Pero no podía. España estaba en pañales en cuanto a deporte adaptado. Tuvo que esperar casi diez años hasta que, en 1998, un grupo de monitores de Estados Unidos le abriera en Sierra Nevada las puertas de la felicidad y de la normalización definitiva.

Su espíritu deportivo ardía en su interior, la acompañaba desde que tenía uso de razón. Teresa nunca había querido saber nada de barreras, y decidió abrirse camino en el deporte adaptado. Como ella misma explica, después de ocho años sin esquiar, las primeras horas que pasó en las pistas le devolvieron la libertad a su vida y a su alma:

> La primera mañana del curso estaba esquiando sola. Se acabaron los problemas. Pasé tres horas lanzada a la aventura. Fue muy gratificante. Sentí una gran libertad y pensé: ahora soy la Teresa de siempre.

A partir de entonces, Teresa empezó a colaborar con diversas asociaciones y fundaciones relacionadas con el mundo de la discapacidad, y a animar a sus usuarios no solo a practicar deporte para experimentar sus múltiples beneficios, sino a encontrar en ello un camino hacia la integración social y la superación.

En enero de 2000 dio un paso más. Gracias al apoyo de algunas empresas puso en marcha un equipo de competición de esquí alpino. Tras el éxito de esa experiencia, se planteó un objetivo más ambicioso: luchar por conseguir la integración social de las personas con discapacidad a través de todo tipo de deportes que se puedan practicar de forma inclusiva, al aire libre y en contacto con la naturaleza. Sabía que no sería fácil, pero también que era un proyecto que daba sentido a su vida. Esta idea culminó en el mismo año cuando creó la Fundación También, de la que actualmente es directora.

Nos cuenta las ventajas que aporta el deporte en el camino de su superación personal:

> Conlleva beneficios psicológicos, físicos, sociales, al estar en contacto con los demás, y desarrolla un afán de superación. Es una forma de superación personal; lo que necesitas es saber que eres válida, enfrentarte a tus miedos. Te aporta el espíritu de lucha y de superación para normalizar la vida.

Teresa sigue fiel a su espíritu deportivo y compite en las disciplinas de vela y esquí alpino, habiéndose proclamado campeona de España de esquí alpino adaptado y habiendo ganado el campeonato autonómico de Madrid de vela adaptada.

Centrarse en lo negativo es darle poder al error

Normalmente, tendemos a centrarnos en las preocupaciones cuando habría que ir campo a través para encontrar la solución a los problemas. Hay muchas cosas que verdaderamente no podemos controlar, pero lo que sí está en nuestras manos es la decisión que tomemos, que será el motor de nuestra reacción emocional.

Por ello las personas resilientes se centran en su área de influencia y no en el área de preocupación. Llamamos área de influencia a aquello que podemos hacer para resolver el conflicto, y área de preocupación al tiempo que, de forma improductiva, dedicamos a dar vueltas sobre lo que ha sucedido, sin salir de ese círculo vicioso que no aporta nada en sí mismo y que con frecuencia desemboca en la victimización.

Por el mismo motivo, actualmente la cultura de la queja es algo muy habitual. Y sabemos que eso es lamentable y poco inteligente, porque de forma imperceptible va minando nuestras capacidades, y de ser personas eficientes y positivas pasamos a ser mediocres, poco atractivas. La persona que se queja habitualmente se convierte en alguien que a la larga será rechazado socialmente por su personalidad tóxica, ya que sin darse cuenta se verá dominado por una disposición al mal humor y a desarrollar una distimia, una forma de ser depresiva que tiende a ver la vida de manera pesimista y sombría.

Quien se centra en lo negativo corre el riesgo de caer en la acrimonia, palabra que viene del latín *acri* (que significa «ácido») y *monia* («condición, forma de ser»). Las personas que tienen este tipo de conducta sufren mucho por aquellas cosas que no pueden controlar, y por este motivo protestan continuamente.

Cuando pregunto a Teresa Silva: «¿En qué piensas para conseguir tus metas?», su respuesta se centra de inmediato en la actitud: «En que querer es poder. No me gusta pensar en las dificultades, prefiero centrarme en los logros». Sin duda, la felicidad se basa en la concordancia entre acción y pensamiento, y cuando uno de estos dos factores falla, entramos en la dinámica del reproche hacia nosotros mismos y hacia los demás.

Por tanto, hay que aprender a aceptar lo que no se puede cambiar y remover aquello en lo que sí podemos influir positivamente. Con el tiempo llegaremos a conseguir lo que nos proponemos si de verdad nos lo proponemos. Todo lo importante en la vida arranca de nuestra decisión. Tan importante es esto que acaba configurando nuestro futuro y también nuestra felicidad.

Indefensión aprendida y gestión del desafío

Cuando alguien no se crece ante el desafío, aparece una actitud empobrecedora que tiende a inmovilizar a esa persona. Esa conducta pasiva, que ha sido aprendida después de algunos intentos ineficaces de respuesta positiva, la llevan a pensar que no puede hacer nada para cambiar lo que considera desagradable. Porque ¿qué reacción podemos esperar cuando la repuesta siempre es negativa? Al principio quizá el individuo explore su capacidad de buscar soluciones alternativas porque lo que desea es la gratificación, pero si sigue encontrando la misma respuesta negativa, la motivación se apaga y la persona cae en la apatía. Y llega un momento en que soporta con indiferencia su vida sin ningún intento de cambiarla. Este punto se llama indefensión aprendida.

Esta conducta la podemos observar en personas que han aprendido a comportarse pasivamente y a dudar de su capacidad, a pesar de que existan oportunidades de evitar lo que les desagrada y recursos para pedir ayuda. Las personas quedan atrapadas mentalmente en esa situación y no pueden resolverla por sí mismas.

En este sentido, es muy ilustrativo el cuento del elefante encadenado de Jorge Bucay, que no escapa aunque está atado a una pequeña estaca del circo, porque cree que no puede. En su memoria guarda el registro de que cuando era un recién nacido lo encadenaron por primera vez a una estaca en el circo, intentó desasirse y fracasó. El recuerdo de la impotencia que sintió poco después de nacer lo llevó a no volver a replantearse su fuerza y su capacidad nunca jamás.

En las personas resilientes no se da esta situación o, al menos, el período de recuperación es mucho más corto, de modo que salen del trance con mayor facilidad. Y cuando lo superan una vez, ya almacenan en la memoria su aprendizaje, de tal manera que confían en las estrategias que les han dado resultado para futuras ocasiones. Por ejemplo, ante un maltrato, esas personas, en vez de quedarse en la situación de víctima, centrándose en los sentimientos de amargura y rencor por la situación vivida, se plantean objetivos de superación personal para demostrarse a sí mismas que son capaces de salir adelante e incluso perdonar, para sacar de sí el rencor que también las daña. Es la mejor forma de ganar en seguridad personal y lograr desligarse de la situación traumática para romper la dependencia emocional y no repetir patrones de comportamiento desadaptativos.

Pero para lograr eso hay que ser constantes y ejercitar la voluntad. Como dice el refrán, del dicho al hecho va un trecho. La distancia entre el deseo y la decisión es la acción, que siempre será proporcional. La acción consiste en ejercitar la voluntad y fortalecerla cada día con la repetición de actos concretos.

Los procesos de superación que nos ofrecen en sus respectivos testimonios Martha Rivera y Teresa Silva, quienes demuestran que no se dieron por vencidas en ningún momento, nos permiten ver con claridad hasta qué punto los límites solo están en nuestra mente.

5

Despertar la fuerza interior

Hay un aspecto fundamental: la vida humana siempre vale la pena, por mal que lo estemos pasando en algún momento. Si sabemos mirar, nos daremos cuenta de que hay en ella más cosas positivas que negativas. No obstante, también es verdad que podría ser mejor en muchos momentos y ese es el reto: decidir cómo quieres que sea tu vida y atreverte a ponerlo en práctica.

John Lennon dijo que la vida es aquello que te va sucediendo mientras estás ocupado haciendo otros planes. Tal vez se refería a las prisas con las que vivimos, que nos impiden pararnos a valorar lo que tenemos, enfocarnos en lo que deseamos y considerar el presente como lo que es, un regalo.

La vida como proyecto

Tendemos a vivir siempre tan proyectados hacia el futuro que ni pensamos que tal vez pueda no llegar, entre otras cosas porque siempre asistimos a la muerte de los demás y, en ese sentido, carecemos de la propia experiencia... Así, vivimos preocupados por llenar nuestra agenda de compromisos, la mayoría de ellos, si lo pensamos un poco, estériles y que no nos dejan respiro para lo importante. Y lo que nos ocurre es que tenemos que lidiar con tantos frentes abiertos que en el fragor de la lucha olvidamos lo esencial: ¡para qué vivimos!

Ismael Santos: construir la resiliencia

«Creo que el secreto para superar las adversidades y los momentos duros que llegan es precisamente darse cuenta de que son una parte esencial de la vida y grandes oportunidades que te presenta la misma para crecer a nivel personal. Uno siempre tiene la posibilidad de elegir su camino, y en mi caso ha sido siempre el de querer ir más allá de lo superficial, profundizar y conocerme mejor a mí mismo a través de todas mis experiencias.»

Ismael Santos, jugador del equipo de baloncesto del Real Madrid y considerado uno de los mejores defensas de Europa, nos aporta un gran guión sobre cómo se construye una personalidad resiliente. Quiero traer aquí el testimonio de este carismático jugador, orensano de nacimiento y madridista de corazón, y del que muy pocos conocen las dificultades por las que atravesó en su vida personal y para entrar en el equipo con el que se proclamó campeón de Europa en 1995. Como él mismo explica, no tuvo una infancia fácil:

> Mis padres se separaron cuando yo tenía seis años y tuve una infancia muy solitaria. A los trece años me fui solo y sin familia a Madrid para jugar al baloncesto, deporte al que me entregué en cuerpo y alma hasta los treinta y uno.

Isma Santos, como se lo conoce en el mundo del deporte, consiguió lo máximo a lo que un jugador puede aspirar con su club en Europa. Esta es su ficha deportiva, que aparece en la web oficial del Real Madrid:

Era un jugador completo, que compaginaba acciones espectaculares, apoyadas en su notable condición física, con otras de brega y sacrificio, gracias a su extraordinaria intensidad defensiva. Esta virtud lo convertiría en uno de los mejores defensas de Europa. No era algo que se entrenara, solía afirmar, sino cuestión de «dejarse la piel en la cancha». Era el antídoto de las estrellas rivales. Siempre se recordarán los memorables marcajes que hizo junto a Javi Coll, a Michael Young (Limoges) y a Eddie Johnson (Olympiakos) en la Final Four del 95, donde el Madrid conquistó su octava Copa de Europa. Su virtud defensiva no ocultó otras cualidades de este base reconvertido a escolta, como un buen tiro exterior y una opción segura para entrar a canasta si el ataque se complicaba. Su labor podía ser oscura y no reflejarse bien en las estadísticas, pero su trabajo siempre fue ensalzado por sus compañeros y temido por aquellos que tuvieron a Ismael entre el balón y la canasta.

Este carismático jugador tiene grabada en su retina la final en Zaragoza, cuando el equipo blanco ganó al Olympiakos y se proclamó campeón de Europa. Allí vivió uno de los grandes momentos de su vida. Al ser preguntado sobre cuál era el secreto de ese equipo que ganó la Final Four en el año 1995, la última que ganó el Real Madrid de baloncesto, responde:

No existía ningún secreto, solo trabajo bien hecho, un gran compromiso y unas enormes ganas de ganar por parte de todos los integrantes de la plantilla dirigida de forma magistral por Zeljko Obradovic.

Isma se describe a sí mismo como una persona sencilla, a la que los golpes de la vida han enseñado a serlo más, y hace suyo el lema socrático «solo sé que no sé nada». Y añade: «Cuanto más he ido aprendiendo, más humilde me he vuelto y más me he dado cuenta de lo mucho que me queda por aprender y de lo poco que sé».

Joe Arlauckas, compañero durante años de Isma Santos, insistía en que este era el mejor jugador de aquel Madrid, porque renunciaba a meter 30 puntos para defender al mejor rival. Isma, sin embargo, después de agradecer esas palabras tras el encuentro, respondía con sinceridad que el mejor jugador del equipo era Arvydas Sabonis, pero que él sabía adaptarse a las necesidades del club blanco, y en ese momento su papel tuvo que cambiar. Y no dudó en adaptarse para pasar de máximo anotador en las categorías inferiores a ser un gran defensor. Las cualidades que definen a un jugador de corte defensivo, como el propio Isma dice, son: «Espíritu de sacrificio, inteligencia práctica, fuerza mental y cualidades físicas». Eso es lo que le ha ayudado a salir adelante también en lo personal. A ser una persona resiliente. Un luchador nato.

Isma propone ver la adversidad como algo positivo y no negativo, como una oportunidad para mejorar y crecer a nivel humano, y considerar la incertidumbre como el estado natural en el que se desarrolla la vida:

> Una vida sin adversidad y sin incertidumbre sería una vida anodina y sin sentido, sin ninguna posibilidad de crecimiento y mejora personal. Hay que ver estos dos aspectos como un gran regalo de la vida, y no como aspectos negativos o de mala suerte.

Si le das a elegir, Isma lo tiene claro. Le gustaría rodearse de Javi García Coll, Marcelo Nicola, Joe Arlauckas y Arvydas Sabonis, porque las actitudes de estos jugadores y la suya propia apenas se diferencian en nada.

> La razón es simple: son ante todo personas excepcionales, con grandes valores humanos, somos amigos y luego todos ellos han sido grandes jugadores. Durante los años que he jugado con ellos he visto que su compromiso, y su mentalidad de hacer siempre lo

mejor para el equipo y para ayudar a sus compañeros, se ha traducido en vestuarios fuertes y unidos, y, como consecuencia, en victorias y títulos.

La cultura de lo inmediato

Estamos tan ocupados en sobrevivir que nos olvidamos de descubrir el sentido de la vida. Buscando la felicidad es fácil toparse con el placer, que es algo inmediato. En la cultura actual, la «felicidad» ya no es metafísica, se ha materializado para hacerla accesible a cualquiera y en cualquier momento, y se ha convertido en un objetivo, en un producto consumible. Y por ello se confunde felicidad con placer, y al ser este una emoción pasajera, cuando se deja de gozar aparece la frustración y la realidad adquiere un regusto de amargura. Algo parecido vemos en las consultas de psiquiatría con los pacientes eufóricos, que, cuando mejoran, se tranquilizan, pasan a tener un ánimo eutímico y piensan que están deprimidos.

Por eso hay que saber interpretar nuestras emociones y diferenciar la felicidad del placer, porque podemos mezclar ambos conceptos, lo cual, además, es fuente de desconcierto. En estos tiempos, con las prisas que siempre tenemos (como autómatas con rumbo fijo diario en el metro), no se acepta la espera, y los deseos se imponen con fuerza y reclaman ser satisfechos. Por eso se busca el placer de forma obsesiva y se enreda con la idea que podamos tener de la felicidad. El placer se experimenta como algo casi físico, inmediato, intenso, sensitivo, tan instantáneo como pasajero. Cuando viene, querríamos retenerlo pero se nos escapa, como agua entre las manos, sin poder evitarlo. En cambio, la felicidad es algo que requiere elaboración, hay que trabajarla, es otro tipo de vivencia mucho más estable, a resultas de vivir con mayor profundidad. Puede ser resultado y motor al mismo tiempo. En el terreno de la resiliencia, la podemos encontrar en la base de la propia motivación, como consecuencia de los logros y como manifestación de que vamos en la dirección adecuada para alcanzar nuestros objetivos.

Ante los reveses de la vida, podemos sentir una necesidad imperiosa de escape, y aparece la búsqueda extraviada de recompensa que se convierte en una adicción. Como tal, cada vez se necesita más dosis de placer para conseguir el mismo efecto, y esa trayectoria disipada lleva a un estado de irritabilidad y disforia que destruye la posibilidad de construir la vida con madurez psicológica, así como de poder construir, en el presente, un futuro feliz.

Por eso, teniendo hoy más recursos que nunca para ser felices, somos muy vulnerables psicológicamente, y cuando las cosas no salen tal y como queríamos en un principio, nos vemos amenazados por la tristeza y la depresión. Hemos creado un mundo en el que se vive mejor, no cabe duda, pero en el que paradójicamente nos sentimos vacíos y casi huérfanos. El consumo de bienes materiales —en su mayoría superfluos— ha colmado nuestras expectativas hasta el extremo de hacernos olvidar la calidez del trato personal. Esto es a lo que debemos aspirar, y para lograrlo es necesario desearlo y ponerlo en práctica.

Diseñar la vida que quiero tener

Isma Santos supo desde el primer momento el camino a seguir. Cuando tenía trece años decidió dejar Orense e instalarse en Madrid, aunque le resultó duro estar alejado de su familia. Sin embargo, sabía perfectamente lo que quería y lo llevó a cabo. Así recuerda esos primeros pasos:

> Recuerdo muy bien esa etapa porque fue algo que marcó un antes y un después en mi vida. Cuando llegué a Madrid me llamaban

paleto, tenía un acento gallego del que todos se reían, era muy tímido y reservado, y muy cerrado de carácter.

Por otra parte sabía perfectamente lo que quería y el motivo por el cual estaba allí, y no estaba dispuesto a dejarme avasallar, por lo cual desde el primer momento tuve que hacerme respetar.

Mi objetivo de cada día era demostrar que merecía quedarme en Madrid y que no tenían que mandarme de vuelta a Orense. Poco a poco logré que todos me respetaran, y a partir de ahí todo fue más fácil.

Me divertía mucho jugando, tenía confianza en mí mismo y eso se reflejaba en la pista, pero era todo muy natural, nunca me he propuesto avasallar a nadie.

Desde que tenía siete u ocho años y veía los partidos del Madrid por la tele le decía a mi padre que algún día yo jugaría en el Real Madrid. No eran solo sueños infantiles sino que realmente estaba convencido de ello y me veía jugando en el primer equipo del Madrid. Por eso no puedo imaginar mi trayectoria en el baloncesto sin haber jugado en el Madrid, porque lo tenía metido en la cabeza desde muy pequeño, era ya parte de mi vida.

A los quince años, el jefe de los Servicios Médicos del Real Madrid me dice que tengo que dejar de jugar para siempre por una lesión en la espalda, y estuve seis meses en el dique seco. De este duro contratiempo me recuperé gracias a la ayuda de Pedro Chueca, fisioterapeuta también del Real Madrid de fútbol, que fue para mí como un padre, y nunca podré agradecerle bastante todo lo que hizo por mí. También mi descubridor, Ángel Jareño, y mis entrenadores han sido importantes en distintos momentos de mi carrera deportiva, fundamentalmente por los consejos que me han dado y por su apoyo. Sin ellos todo habría sido mucho más difícil, si no imposible.

Decía Albert Einstein: «Hay una fuerza motriz más poderosa que el vapor, la electricidad y la energía atómica: la voluntad».

Y si hay algo que caracteriza a este entrañable deportista es precisamente eso, su gran fuerza de voluntad, como el propio Isma reconoce:

> La vida es la gran maestra. De todo lo que nos pasa se puede aprender. Pero no debemos caer en el victimismo nunca, no darnos por vencidos jamás y ver siempre el lado positivo de las cosas, sabiendo que de toda la gente y de toda experiencia, por muy mala y terrible que parezca, se aprende algo, siempre y cuando uno quiera.

Si se piensa en el día a día de cualquier deportista, sin el sentido de la competición y la motivación de ganar un lugar en el podio, podría considerarse la vida que llevan como una terrible tortura, al menos vista desde fuera. Sin embargo, como decía Nietzsche: «Quien tiene un porqué para vivir es capaz de soportar cualquier cómo».

En la trayectoria personal de Isma se puede ver cómo se forja una personalidad resiliente. En primer lugar, no se puede hablar de personalidad a edades tempranas porque el individuo se está formando, pero sí podríamos hablar de rasgos que definen una base de talento, que no es solo inteligencia, sino tener claro «qué me gusta» y «qué quiero». Esto suele darse cuando se han tenido algunas adquisiciones o aprendizajes a edades tempranas.

Junto a esas capacidades es importante desarrollar la voluntad, la disciplina y la constancia, que son la base de una personalidad madura y la clave del éxito futuro. Habitualmente, la educación que se imparte en la sociedad actual adolece de estos atributos y, aunque exista esta materia prima para desarrollar una personalidad sólida, podría decirse que queda en barbecho, porque la sobreprotección o los caprichos cercenan el crecimiento.

Desde el punto de vista profesional, Ismael, como entró en la cantera del equipo, no tuvo ese problema y además iba en la dirección del viento, porque todas las virtudes que conlleva el deporte entrenaron también en positivo su personalidad. Y una vez superadas las primeras dificultades de adaptación, se encontró formando parte de ese gran equipo como una familia, con las figuras de referencia necesarias, significativas, que le han brindado el apoyo en algún momento.

Isma recuerda especialmente a su entrenador y habla también de la figura del fisioterapeuta, que fue como un padre para él en un momento difícil en el que lo daban por perdido. Todo esto lo impulsó a seguir luchando, sin darse nunca por vencido, y le aportó una sensación de pertenencia que, al mismo tiempo, lo integró en la sociedad.

La actividad física libera tensiones y templa de manera natural la respuesta emocional que, de algún modo, también ayuda a que nos sintamos mejor y más estables. Si es bueno para el desarrollo de la personalidad practicar un deporte, todavía lo es más cuando se trata de la alta competición, porque requiere una disciplina y un entrenamiento continuos, donde van arraigando las virtudes en el día a día. Estos hábitos conforman el carácter y sacan lo mejor de uno mismo.

Pero ¿cómo sucede eso? En un equipo cada jugador tiene que esforzarse, dar la talla, ser dueño de sí mismo y dominar su genio; no hay lugar para la justificación, y el jugador se ve obligado a controlar reacciones desproporcionadas, caprichos, cansancios que en personas jóvenes están teñidos de comodidad o pereza, ser mejor amigo y compañero, noble, leal y, en definitiva, concentrarse y centrar todos sus esfuerzos en superarse cada día. Sin olvidar un aprendizaje importante para la vida, como es ganar y perder. Es decir, aprender el arte de entender el fracaso porque en el fondo la vida es como el juego, y hay que saber ganar y perder en el día a día.

Un deportista también va adquiriendo la autoestima debido a su fuerte motivación en esa etapa. Mientras se suceden los entrenamientos, siente que estos le transmiten altas expectativas que apoyan su seguridad y le brindan oportunidades significativas de participación, de sentirse importante y destacar, también entre sus compañeros. En el caso de Isma, a pesar de ser tímido por naturaleza, aprendió a desarrollar habilidades para la vida que le han servido para gestionar su futuro. Así fue como se formó para convertirse en un futuro deportista de élite y en una persona resiliente.

Cuando consideramos todo lo que aporta este tipo de educación deportiva, y en paralelo observamos la sobreprotección de los padres de hoy, que procuran evitar cualquier esfuerzo a sus hijos, vemos que sin querer cosechan un producto que, pudiendo ser excelente, se suele quedar a mitad de camino. Sin duda alguna, el desarrollo de la personalidad futura está muy relacionado con las experiencias de la primera infancia. Las figuras que crean el vínculo significativo, generalmente los padres, son esenciales para constituir la base necesaria para que los niños tengan sensación de seguridad en sí mismos y confianza en los retos.

Otro punto importante en el desarrollo de la resiliencia es enriquecerse con vínculos fuertes. También el equipo le brindó esto a Isma, como él mismo recuerda:

> Las amistades verdaderas perduran en el tiempo porque están por encima de la distancia o del no verse durante años, y ese es el caso de mi amistad con José Lasa, con el que aterricé en el Real Madrid. Hace mucho que no hablamos, pero si lo veo es como si no hubiera pasado el tiempo.

Asimismo, supo aprender a ser flexible ante las dificultades.

> Entraba al campo a darlo todo; era para mí más importante estar al servicio del equipo y defender al mejor rival, aunque tuvie-

ra que renunciar a meter 30 puntos. Me importaba dar equilibrio al equipo.

Yo era joven y jugaba con grandes jugadores... Pensé que tenía dos opciones: podía haber jugado a ser la estrellita metiendo muchos puntos como había hecho hasta llegar al Real Madrid, pero me importaba más seguir jugando con los grandes que destacar. Pensé: «¿Hay algo que pueda yo hacer y que no haya nadie en el equipo que lo haga?». Y tomé la decisión de reinventarme como jugador. Yo podía ser una buena defensa y anular al mejor jugador del otro equipo, aunque tuviera que renunciar a mi juego para que las estrellas de nuestro equipo brillaran y tuvieran un juego más cómodo.

Entré en esa óptica de intentar hacer un juego correcto en cada momento para darle equilibrio al equipo, ya fuera en la defensa o en ataque, con balón o sin él, y procurar ayudar al buen funcionamiento de todos, buenos pases y buenos bloqueos, coger rebotes, defender... y tirar cuando me dejaban solo, porque para mí la opción de meter puntos era siempre la última ya que prefería que los metiesen los demás.

Esa forma enormemente generosa de jugar, poniéndose al servicio del equipo y ofreciéndolo todo, le aportó a Isma el prestigio del que todavía disfruta. En recientes entrevistas a las figuras del deporte de la canasta, se le describe como un gran deportista que trabajó duro y consiguió que en sus años se lograran los mejores éxitos del Real Madrid.

Triunfar y fracasar, dos caras de la misma moneda

En la sociedad actual, hablar del éxito es más común en la vida académica o la laboral que en el plano personal. Quizá lo que nos sucede es que, a veces, tenemos miedo a abordar este ámbito, sobre todo porque, de algún modo, también implica hablar de fracaso.

La palabra «fracaso» procede del latín *fracassare*, que significa «destrozar, romper, partir». Por tanto, si hablamos de fracasar estamos refiriéndonos a una ruptura con algo que ya teníamos o creíamos tener, incluso a la quiebra de una expectativa. Charles Dickens decía que cada fracaso enseña al hombre algo que necesitaba aprender. Y, ciertamente, cuando todo va bien estamos tranquilos, pero es el fracaso el que nos enseña otra cara importante que el éxito no nos muestra.

Uno de los grandes miedos del hombre de hoy es el miedo al fracaso, a sentir dolor, o incluso simplemente miedo a sentir. Buena parte de la culpa de que las personas no cumplan sus sueños es debida al temor a fracasar en el intento. Hemos de ser capaces de identificar esa emoción y superarla.

Sin embargo, no debemos confundir error y fracaso. En el caso del error, cuando vemos que nos hemos equivocado en algo, porque no hemos acertado o cumplido con lo que debíamos, cabe la posibilidad de resolver esa situación cambiando el enfoque o las circunstancias. Pero si consideramos ese mismo acontecimiento como un fracaso, es mucho más duro porque tiene una connotación de estancamiento, de quedarse dando vueltas al problema, con una tendencia a no encontrar salida. La persona que se siente fracasada acaba centrándose en una visión negativa de la vida, hecha de una mezcla de aburrimiento, pesimismo y apatía que generalmente termina produciendo el síntoma por excelencia de la depresión, que es la tristeza.

De cualquier forma, conviene desterrar de nuestro vocabulario la palabra fracaso. Cometer errores es algo normal en el ser humano, pero eso no significa ser un fracasado. De las equivocaciones se aprende y uno sale fortalecido, pero el concepto de fracaso nos destruye. El problema empieza siendo terminológico, porque arranca cuando empezamos a llamar fracaso al error, y termina siendo psicológico, porque sentirse un fracasado es muy duro de superar.

El fracaso nos cierra todas la puertas de salida, porque no nos da la opción de rectificar y nos bloquea el proceso cognitivo. Esa situación nos incapacita para escuchar un consejo positivo o para mirar hacia delante. Además, el que se siente fracasado permanece en una situación de secuestro emocional en la que continuamente da vueltas al pasado sin poder proyectarse hacia el futuro, como la lavadora que centrifuga dando vueltas a su carga. En definitiva, hay que aprender de los errores sin dar cabida al sentimiento de fracaso.

A veces he tenido que atender a personas que a consecuencia de un despido colectivo en su empresa se han quedado en el paro. Con el paso del tiempo, encuentro dos reacciones: la de aquellos que me dicen que gracias a que los echaron tuvieron la oportunidad de encontrar un trabajo mejor, en el que están más contentos y mejor reconocidos, y la de quienes siguen encerrados en la situación de víctima por aquello que les pasó y no logran levantar cabeza.

Cualquier pensamiento pone en marcha nuestro cerebro y va acompañado de una emoción, por lo que si logramos asociar los errores con aprendizajes y no con fracasos, podemos interpretarlos como necesarios para progresar y, por tanto, asociarlos con la confianza, la valentía y el optimismo.

Si ante un error nos preguntamos: «¿Qué he hecho mal?», esto predispone a la acción de cambiar y rectificar las coordenadas para retomar el vuelo. Aprender del error es ver que era un camino equivocado y que debemos tomar otro. No tiene mayor importancia, porque esto nos enseña a rectificar, a tener certeza de lo que no hay que hacer. Esta opción nos mejora porque posibilita aprender de la propia experiencia, como explica Isma Santos:

Hay que darse cuenta de que para conseguir un objetivo y tener bienestar personal hay que entrar en uno mismo y cultivar tu interior, no solo tu exterior. Hay que saber qué te propones y qué es importante para ti en la vida. Personalmente, he encontrado cuatro aspectos esenciales de nuestra vida, como claves para un crecimiento personal equilibrado: el físico, el mental, el emocional y el espiritual. Cultivar estos aspectos cada día y vivir manteniéndolos en equilibrio es, para mí, el secreto del bienestar.

Las personas resilientes saben que en la vida hay que perder para ganar, y no dan tanta importancia al éxito ni al fracaso. Saben que en un cuadro tiene que haber luces y sombras. Se alegran cuando triunfan y abordan los problemas de forma constructiva. No pierden el tiempo dando vueltas a lo que ha salido mal, sino que se proyectan hacia delante buscando la forma y las estrategias para resolver esos problemas. ¿Por qué? Porque la lógica cognitiva les hace más llevadera la crisis si se centran en la solución para salir cuanto antes del conflicto.

Podemos decir que estas personas resisten la destrucción y construyen sobre la adversidad. Su fuerte mentalidad y la felicidad como decisión personal son las que influyen para mover su voluntad.

Ismael, nos cuenta lo que es importante para él:

Controlar y educar mi mente, reflexionando y convenciéndome de que la adversidad es una parte esencial de la vida ha sido una tarea cotidiana. No conviene huir de la adversidad porque en el fondo es algo positivo, y no negativo, que te ayuda enormemente a crecer como ser humano. Todo depende de cómo interpretes las cosas: ser feliz o desdichado, estar alegre o triste, tener paz y amor dentro de ti mismo o estar en conflicto y tener odio, etc; todo ello depende absolutamente de educar y controlar nuestra mente, lo que te permite tener paz interior y seguir a tu corazón.

Superar situaciones límites y transformarlas en oportunidad

Sabemos que la motivación es el gran motor de nuestro cerebro emocional, y este es capaz de reconfigurar y enriquecer su estructura durante toda la vida. En ese sentido, podemos asegurar que llega más lejos el que quiere que el que puede.

El límite lo marca cada uno, pero en ello interviene, junto con el talento y el conocimiento, lo que podríamos llamar la fuerza interior, que es la capacidad de automotivarnos sin necesitar que lo hagan otras personas por nosotros. Pero la motivación orientada al logro tiene algunos componentes bien delimitados: la iniciativa y el compromiso, junto con el optimismo; los dos primeros se centran en el objetivo (el qué) y el segundo en el modo de llevarlo a cabo (el cómo).

Cada persona tiene su propia forma de reaccionar. Por un lado están las que se vienen abajo cuando las cosas no salen como esperaban, y ante el miedo a fracasar evitan los retos, lo que constituye el principal freno para el desarrollo; por ello su proyecto de vida será mediocre, no porque no sean capaces sino porque no se atreven. Y por otro lado están las personas que no tienen miedo y piensan que es habitual cometer errores cuando se afrontan nuevos desafíos, y ante la caída, se crecen y lo consideran una oportunidad de aprendizaje. ¡Y aprenden a obtener impulso de las caídas!

En el curso de la conversación, Santos reconoce que en la montaña ha aprendido a valorar lo esencial, a ser más humilde en contacto con la naturaleza, a ser él mismo y nos da un consejo:

Para conocerse y encontrarse a uno mismo primero hay que perderse. Este proceso conlleva dolor y sufrimiento, pero no hay otro camino.

En la vida, muchas veces, hemos de cambiar la mentalidad y ver, en los momentos de crisis, oportunidades que surgen, y hay que aprovechar y lanzarse... Creo que el secreto para superar las adversidades y los momentos duros de la vida es precisamente darse cuenta de que son una parte esencial de ella, grandes oportunidades que te presenta para crecer a nivel personal. Uno siempre tiene la posibilidad de elegir su camino, y en mi caso ha sido en todo momento el de querer ir más allá de lo superficial, profundizar y conocerme mejor a mí mismo a través de todas mis experiencias.

Las personas que logran consolidar su fuerza interior consiguen, a la vez, que esta se retroalimente porque, al favorecer el éxito, generan confianza en sí mismas y mejoran el desempeño de sus proyectos. De este modo también cualquier reto superado deja de ser reto y necesita otro mayor.

Optimismo y pasión

El optimismo, como rasgo de la personalidad, y la pasión forman un buen maridaje para transformar la vida en algo que valga la pena. El optimismo transmite una fuerza que permite hacer más fácil lo que las personas se proponen, y arrastrar a los demás. Estas personas saben allanar los obstáculos, incluso podríamos decir que ni siquiera los ven. No se quejan de las dificultades porque no las consideran costosas, y hacen de la vida un reto que acometen con entusiasmo. Su vida se desarrolla con el mismo argumento que cuando disfrutan de los momentos de ocio y les aporta libertad porque da sentido al esfuerzo. No consideran que están cumpliendo obligaciones, sino tomando sus propias decisiones, sintiéndose libres.

La pasión es una emoción más profunda que el sentimiento. Es un motor importante que mueve a la voluntad a acometer la vida casi sin esfuerzo. Es capaz de dar sentido a lo difícil o reinventarse cada día para superar el cansancio de lo cotidiano. Para que la pasión sea duradera y aporte valor a nuestra vida tiene que ejercitarse de manera estable. Esto implica el desarrollo de virtudes que den fuerza y aporten madurez al carácter. De ahí su nombre en latín, *vis*, que significa «energía, fuerza, vigor». La virtud templa el carácter, y la pasión apoyada en la virtud aporta iniciativas y consistencia a las metas que nos proponemos. Quien hace de su vida algo distinto a un simple ir tirando destaca entre los demás, y su personalidad resulta atractiva.

Sabemos que el ser humano necesita enfrentarse a nuevos desafíos para crecer. Cuando un objetivo se consigue hay que buscar otro, y para seguir creciendo ha de ponerse a prueba cada vez con algo más. Y en esa capacidad de superación están llamados a desempeñar un papel fundamental tanto el optimismo como la pasión. Por tanto, las personas optimistas y apasionadas disfrutarán de lo que hacen y se entregarán sin miedo a los retos de la vida.

Gigantes y mediocres

Solo cuando la vida nos pone al límite podemos saber la medida de nuestra capacidad y entonces deberemos demostrarnos a nosotros mismos que queremos ser gigantes y dejar a un lado la mediocridad. Esa fue la opción que tomó Isma Santos, y así nos lo cuenta:

> El secreto del éxito cuando te enfrentas a un cambio es la adaptación, ya sea dentro de tu propio equipo o en un cambio de trabajo. Tienes que estudiarlo bien, saber cuáles son tus virtudes y tus defectos y los de tus compañeros de equipo, y también conocer al equipo contrario, para luego establecer una estrategia y ponerla en práctica. Esto también ocurre en otros momentos de la vida cuando las circunstancias cambian y tienes que adaptarte a un nuevo entorno. Siempre hay que pensar que tú puedes, y seguir adelante.

Isma Santos, una vez finalizada su exitosa carrera como jugador de baloncesto, dio un giro decisivo a su vida: se trasladó a Chamonix y empezó a trabajar como guía de montaña. En su blog «Un gallego en los Alpes» narra sus experiencias diarias en las cúspides y cuenta las expediciones que ha realizado a Nepal, Perú o Groenlandia.

Habla de baloncesto con pasión, y comparte reflexiones políticas y sociales que no estamos acostumbrados a ver en un deportista. Demuestra que su capacidad de trabajar el cuerpo le ayudó a entrenar su mente para aprender a ganar y perder, asumiendo las derrotas para seguir creciendo en la vida.

Es paradójico que en una sociedad hedonista, en que uno se rodea del máximo confort y no puede evitar el dolor, surja otro tipo de miedo: el temor a sufrir; que se refleja en el cine, en películas como *Doomsday*... Ante estos miedos, nos recomienda una frase de Gandhi: «Vive como si fueras a morir mañana. Aprende como si fueras a vivir siempre». Encontrar el equilibrio entre vivir cada momento al máximo como si fuera el último y sin pensar en el futuro y, al mismo tiempo, aprender de todo lo que te sucede como si fueras a vivir para siempre es para mí un gran reto y un objetivo diario que, si bien no siempre logro, me indica el camino a seguir.

Canastas y balón poco tienen que ver con piolets, nieve y cimas, pero en el corazón de Isma están interiorizados por igual. Del baloncesto dice: «Antes era mi vida y ahora es mi mayor afición», y cuando habla de la montaña, comenta: «La llevaré siempre dentro. Forma parte de mí. Estará siempre en mi cabeza y en mi corazón. Es una metáfora de la vida: subir y superar obstáculos». Y añade:

En ambos deportes hay obsesión por el resultado. No todo es ganar títulos o llegar a la cima; debe ser consecuencia del esfuerzo.

Y, como en el baloncesto, hay compañerismo, por ejemplo en una cordada. La diferencia es que en la cancha, el mejor casi siempre gana. En la montaña, ya puedes ser el más rápido, el más fuerte y tener el mejor equipo, que si la naturaleza no quiere que subas, no subes. Cuando aceptas eso, te haces más humilde.

Después de dejar el baloncesto, la montaña para mí ha sido una escuela de vida. Gracias a ella, he encontrado el equilibrio que me ha hecho crecer como persona en mi nueva vida. Mi sueño como alpinista no es una cima sino estar en armonía con la vida a través de sintonizar con la montaña, seguir aprendiendo de ella y así entender mejor la vida.

Pero, frente a la voluntad de convertirnos en gigantes, se cierne la amenaza de la mediocridad, de una vida malograda. Muchas personas, aun teniendo todas las posibilidades de crecer, no las ejercitan y malgastan sus vidas. Se amoldan al espacio donde se encuentran y no aspiran a más, ni se plantean en positivo que pueden y deben aportar mucho a los otros, al mundo donde se les ha invitado a vivir.

Alfred Adler, pionero de la psicoterapia, escribe en su libro *El sentido de la vida* que encontraba en la base de muchas enfermedades psíquicas el egocentrismo de la persona que no ha sabido abrirse a los demás. Y aseguraba que el peor daño que se le puede hacer a alguien es educarlo excesivamente protegido, pues tenderá a vivir a expensas de los demás, a los que exigirá todo sin dar nada a cambio.

Nuestra mente es el regalo más valioso que hemos recibido y la mayoría de la gente no es consciente del potencial que tiene. De esa manera, muchos se contentan con pobres resultados y justifican esa falta de rendimiento convencidos de que no son capaces o pensando que son peores que otros, y no consiguen mejores resultados porque no lo intentan.

Es encomiable el comentario de Derek Bok, ex presidente

de la Universidad de Harvard, que, refiriéndose a la educación, dijo: «Si crees que la formación es cara, prueba con la ignorancia», y añadía que si invirtiéramos cada año tanto dinero en desarrollarnos como en el mantenimiento del coche, podríamos convertirnos en los más competentes de nuestra profesión. Esto me hace pensar en lo que nos aportan aquellas personas que tienen la mente clara. Una vez me dijeron que un profesor es «el que te enseña» y un maestro es «del que aprendes». Y es que cuando alguien deposita en otro su confianza es como si le diera alas a ese espacio dormido. Ahí está la diferencia.

El secreto de la resiliencia responde a la necesidad de ser feliz y custodiar lo que más importa. ¿Qué es lo que valoraremos al final de la vida? Esa es una pregunta esencial, pero con frecuencia, urgidos por lo inmediato, perdemos la perspectiva de adónde vamos y qué es lo importante. Lo que consideraríamos necesario al final de nuestra vida lo tenemos que construir ahora, cuando todavía hay tiempo.

A veces la tristeza aparece como consecuencia de decisiones mal tomadas a priori, donde nos replanteamos cómo habría sido nuestra vida si no hubiéramos dado aquel paso, si no hubiéramos roto la relación con un hijo, si hubiéramos sido más transigentes en aquel momento, y un largo etcétera. En esos casos, la pregunta que hago casi siempre a mis pacientes es cómo les gustaría verse pasados diez años, y conforme a ese deseo, trazamos las coordenadas vitales: profesión, familia, aspecto personal y social, además de otros detalles como su forma física, cultura, etc. Cuando se visualiza lo que uno desearía tener en el futuro, es fácil concretar la estrategia para lograrlo, cambiar hoy lo que sea necesario para que aquello suceda. Esto para las personas suele ser un gran descubrimiento: saber que está en nuestra mano el conseguir que ocurra lo que más nos importa, para apartar de nuestro camino la mediocridad y aspirar a ser gigantes.

6

Atrévete a más:
los límites están en nuestra mente

Lorenzo Servitje: toda una vida al servicio
de los demás

> El éxito no se logra solo con cualidades especiales.
> Es sobre todo un trabajo de constancia,
> de método y de organización.
>
> J. P. SERGENT

Lorenzo Servitje empezó trabajando en la modesta pastelería El
Molino de Ciudad de México y con los años acabó convirtién-
dose en el promotor del Grupo Bimbo, el imperio multinacional
de productos horneados. Este empresario se muestra orgulloso al
explicar que en casi setenta años de existencia de su organización,
no hubo jamás una huelga. Con modestia, afirma que «no hay
ningún secreto; todo reside en tener mucho cuidado al manejar las relaciones laborales, el reconocimiento del sindicato y no
considerar al personal de la empresa como un recurso, sino como
personas».

Cuando Lorenzo Servitje me abrió las puertas de su casa para entrevistarlo, encontré a una persona que, con su sola presencia, despierta una mezcla de sentimientos de cercanía y respeto. Es un hombre con un atractivo especial, sereno y de mirada inteligente, que transmite sabiduría, paz y mucha energía a sus noventa y tres años. Porque la edad no le impide seguir en la brecha, luchando por dar todo lo que pueda aportar algo bueno a su país y queriendo ser parte activa para cambiar el mundo. Sabe que lleva mucho camino recorrido, pero también es consciente de que aún le queda mucho por hacer. Y posee también un rasgo muy especial: se interesa por su interlocutor; se nota que le importan las personas. Esta actitud ha sido una constante a lo largo de su vida, como él mismo reconoce: «Procuro ver siempre al otro como persona, nunca como un instrumento». Por ello, tampoco concibe a sus colaboradores como «recursos humanos», y trata de brindarles un trato justo y afectuoso, seguridad y oportunidades tanto de aprender como de crecer siendo útiles a la sociedad.

Para explorar su personalidad le pregunto: «¿Cuál es el secreto de su éxito?». Y responde rotundamente: «Conoce a las personas que trabajan para ti, conoce tu empresa y conoce el mercado en que esta se desenvuelve. ¿Con qué fin? Para servir mejor».

De su apellido, Servitje, afirma orgulloso que deriva del latín y significa «servicio». Quizá por ello la idea de servicio es su lema de vida. Y este ha sido para él «un sueño hecho realidad: alimentar, deleitar y servir», ya que el servicio a los demás, realizado libremente, engrandece y nunca es servilismo.

Me cuenta cómo empezó todo:

A las diez y media de la mañana del 2 de diciembre de 1945 se dividió la primera masa y a las tres de la tarde salió el primer Super-Pan Bimbo envuelto en papel transparente de la fábrica de la colonia Santa María Insurgentes. Una flotilla de cinco camiones de segunda mano y cinco nuevos inició el reparto. Esa mañana, el osito Bimbo se presentó en los principales diarios de la capital informando: «Ya estamos a sus órdenes».

Mi deseo de entrevistar a Lorenzo Servitje es porque lo considero una persona resiliente, autodidacta, un trabajador nato que se convirtió con el paso de los años en empresario de éxito, pero sin perder la humildad ni la sencillez de sus orígenes. Es una persona atractiva por su coherencia, que ha tenido siempre presente la máxima del «conócete, acéptate y supérate». Esa mentalidad contagia al resto de sus colaboradores y ha sido clave en el desarrollo del Grupo Bimbo. Este, más que una empresa, es una gran compañía, un equipo de personas que trabajan unidas por un mismo fin: hacer bien su trabajo. Todos sus empleados son conscientes de la responsabilidad de que les sean abiertas las puertas de los hogares construidos en torno al fogón, al horno que aporta calor familiar.

Servitje cumple con el perfil de la persona resiliente porque ha tenido que superar muchos retos a lo largo de estos setenta años al frente de su empresa. Le pregunto cómo ha sabido afrontarlos y, al mismo tiempo, salir fortalecido. Esta es su respuesta:

En primer lugar la competencia nos exige salir del área de confort cuando aparece, pero no hay que tener miedo de ella porque nos hace crecer.

Wonder nos despertó. Antes de aquello éramos más conservadores y nos conformábamos con abrir diez o quince rutas al año. Apareció la competencia, y algo había que hacer para que el competidor no nos comiera. Se establecieron reuniones semanales de todos los directivos para tomar las decisiones. El crecimiento gordo vino a partir de entonces. Bimbo terminaría por adquirir la Compañía Continental de Alimentos, y Wonder pasaría a ser una marca de la organización en 1986.

Hay que conseguir que el personal de todos los niveles se involucre en las finalidades de la empresa como si fueran propias: participar en el proyecto, en la aventura que es la empresa en la medida que esté a su alcance. Hay que conseguir que los que trabajan en la empresa puedan aportarle su imaginación, su iniciativa y su entusiasmo, y saber que las personas cuando están contentas trabajan mejor.

Junto a los desafíos, hay pequeños detalles que aportan calidez y ambiente familiar a esta aventura empresarial. Un buen ejemplo de ello es la historia que acompaña al logo de Bimbo, el osito que ha superado el paso del tiempo, inmortalizándose como imagen de marca y logrando que muchos denominen «pan bimbo» a cualquier pan de molde. Sus creadores se inspiraron en el dibujo de una tarjeta de Navidad en los años cincuenta, al que la esposa de uno de ellos le añadió el gorro de chef, el delantal blanco y el pan bajo el brazo.

Temperamento y carácter de la persona resiliente

La suma del temperamento y el carácter dan como resultado nuestra tarjeta de presentación: la personalidad. El temperamento es el aporte genético que marca la huella. Tiene que ver directamente con el sistema endocrino, el tono muscular, el ritmo cardíaco, la presión sanguínea, la rapidez o la tardanza en reaccionar, el grado de emotividad y de apasionamiento e incluso la fluctuación emocional. Por tanto, puede decirse que el temperamento es algo esencial, el motor que nos predispone a reaccionar de forma particular ante los estímulos del ambiente.

El carácter, en cambio, se va desarrollando a lo largo de la vida y depende de las experiencias de cada uno, siendo el resultado de la progresiva adaptación del temperamento a las condiciones del ambiente. Por consiguiente, refleja la manera de vivir.

Si utilizamos el símil de un melocotón para entender la constitución de la personalidad, el temperamento sería el hueso, y el carácter, lo que lo rodea. Aunque el temperamento no puede ser modificado, sí puede regularse por el carácter, y ambos conforman lo que somos. Podemos decir que si bien con el temperamento se nace, el carácter se hace. Esto no implica que la persona esté condicionada, sino que son factores que influyen de forma importante, aunque el individuo siempre desempeña un papel activo. Ambos factores interactúan, y con ello quiero decir que no siempre el medio cambia a las personas, sino que también estas influyen en él transformando las circunstancias desfavorables y desarrollando resiliencia personal.

En este camino, la educación es vital, porque educar es sacar lo mejor de cada uno, y es importante saber que, desde edades tempranas, se va forjando la personalidad y moldeando el carácter. Es evidente que repitiendo comportamientos adecuados se consigue estructurar el cerebro y crear patrones característicos de conductas, pensamientos y sentimientos. Se fabrican fácilmente mitos, pero escasean los héroes. Los mitos contribuyen a crear personajes con unas excelencias de las que en realidad carecen. Aparecen figuras que destacan en algún aspecto, que tendemos a exaltar desproporcionadamente, y acaban moviendo masas, pero son modelos inconsistentes, porque cuando se profundiza un poco en ellos nos llevamos la sorpresa de que carecen de raíces, e incluso muestran zonas oscuras.

Los psiquiatras sabemos lo importante que es tener modelos de referencia sólidos, consistentes y con fundamento, que nos aporten razones auténticas y nos señalen un camino a seguir que valga la pena. Necesitamos el ejemplo de personas que se han hecho a sí mismas con tesón, que integran decisión y perseverancia, y que han triunfado por el camino de la honradez y el trabajo serio, dejando muchas veces de lado el camino más fácil.

Conocer a fondo a esas personas nos aporta mucho porque nos proyectamos y vemos que si ellas lo han conseguido, nosotros también podemos. «*Possumus!*» era el grito de los cristianos ante la muerte de los mártires de los primeros siglos, un grito que servía para animarse unos a otros a afrontar la vida con heroicidad. Esta actitud nos hace más resistentes frente a los retos que plantea la vida, ya que nos permite ser conscientes de que ganar y perder es parte del juego, y nos ayuda a tener confianza para no desarrollar miedos ante la incertidumbre del futuro.

La persona que vive de esta forma con el tiempo va construyendo una personalidad madura; es decir, va logrando un buen equilibrio entre los rasgos de su temperamento y su carácter para tener una conducta coherente y adaptada a lo que se propone conseguir.

Podemos concluir diciendo que la personalidad no es algo estático, porque se va construyendo poco a poco desde la infancia y cambia con las experiencias vitales, tanto positivas como negativas, que siempre dejan huella.

Servitje fue construyendo su vida a la par que su proyecto empresarial. Los dos crecieron juntos, apoyados el uno en el otro, hasta hacerse firmes y austeros. Desde el principio, se propuso como estrategia reinvertir el 80 por ciento de sus beneficios en mejorar su empresa y la vida de sus empleados, y sigue fiel a sus principios.

Explica así los orígenes de Bimbo: eran unos jóvenes visionarios, tres socios que no tenían más de veinte años y sí muchas ganas de comerse el mundo. Supieron sortear los obstáculos encontrados en el camino, y han estado tan unidos en el inicio como a la hora de recoger los frutos de su esfuerzo.

Los comienzos fueron difíciles, pero quienes se hallaban al frente de la compañía no se amilanaron ante las adversidades. Después de la Segunda Guerra Mundial, percibieron la necesidad de suministro en Ciudad de México y supieron aprovechar la oportunidad. Así nos lo explica:

Mi papá murió cuando yo tenía dieciocho años. Entonces yo trabajaba en una pastelería que se llamaba El Molino, y con esos pocos ahorros empezamos. Éramos tres. Además de mí, estaban un compañero mío de estudios muy brillante y un primo que acababa de llegar de España. Se nos ocurrió poner un negocio casi de estudiantes. Estábamos en plena guerra mundial. Empezamos siendo comisionistas y terminamos siendo modestos industriales. Cuando terminó la guerra este negocio se contrajo y tuvimos que cambiar el objetivo. Como yo había trabajado en una pastelería, vimos la oportunidad de ser panaderos industriales; no se trataba de tener tiendas propias, sino de fabricar y vender en los supermercados, que apenas estaban comenzando. Y fundamos Bimbo, con 34 trabajadores, 10 camiones y 10 vendedoras. Tuvimos éxito desde el primer día. La producción no alcanzaba para cubrir la demanda. Siempre hemos creído que se educa con el ejemplo, y en Bimbo esa fue la consigna desde el primer día: trabajar, trabajar, trabajar, aunque esté uno acatarrado o al borde de la pulmonía.

Tuvieron que superar muchos retos, pero en esos momentos miraban hacia delante. También la flexibilidad para cambiar el modelo de negocio es una característica de la persona resiliente.

En 1964 decidieron traspasar fronteras y abrir mercado en España, pero también experimentan que no todo éxito es bueno.

Crecimos demasiado deprisa y tuvimos que asociarnos con una compañía americana. Con el tiempo esta se impuso y finalmente nos absorbió. En 1978 tuvimos que vender las acciones y perdimos la propiedad de Bimbo España. Esto nos dolió mucho. Han tenido que pasar muchos años para poder recuperarla. Siempre pensé que algún día lo lograríamos pero nunca imaginé que sería como ha sucedido.

La empresa española quedó entonces al margen del grupo mexicano, pero siguió manteniendo la imagen de marca y el osito de Bimbo. Servitje en ese momento supo perder, y esperar durante años con la tranquilidad de quien hace de la paciencia virtud, convencido de que llegaría la oportunidad de unificar de nuevo su empresa a ambos lados del Atlántico. El 10 de octubre de 2011 el Grupo Bimbo adquirió Sara Lee Corporation, una gran empresa americana que traía en el paquete a Bimbo España y le brindó la oportunidad tan deseada de recuperarla.

Todos sus amigos, empleados y compañeros inciden en una de las cualidades de Lorenzo Servitje: su integridad moral. El fundador de Bimbo admira a Abraham Lincoln y a Nelson Mandela, y ahora que ya ha forjado una compañía sólida, aún tiene un sueño: eliminar la pobreza extrema, esa condición en la que incluso falta el alimento suficiente para la buena salud.

Hay que erradicar la miseria; la pobreza nunca podrá desaparecer, pero hay que tratar de reducirla, disminuir la desigualdad, y recientemente se piensa que hay que frenar de algún modo la migración.

Como toda persona íntegra, tiene una visión completa, integral, de la empresa, en la que hay que equilibrar la cuenta de resultados con las personas que trabajan en ella.

Nosotros pusimos una norma desde el principio y ha permanecido a lo largo de los años, porque queríamos ser una empresa altamente productiva y plenamente humana. Así lo sostenemos, y es nuestra garantía mantener como norma de negocio ofrecer buenos precios, buenos salarios y buenos servicios.

No solo es importante definir los principios y los valores que den vida a la empresa, sino, sobre todo, que la alta dirección y los jefes en general tengan las agallas de cumplirlos y hacerlos cumplir. Entre otros principios y valores se encuentran la integridad moral de los dirigentes, la justicia en las transacciones, el trato al personal, el respeto de las leyes, la honestidad, el trabajo en equipo, el sentido de logro, el servicio al cliente. Estoy convencido de que el nivel de ética de una empresa depende particularmente de la integridad moral de sus dirigentes.

Con gran visión, Octavio Paz decía que cuando no podemos dominar nuestros apetitos estamos listos para ser dominados por ellos.

Lorenzo Servitje considera que para que una empresa funcione todo es importante: el fondo y la forma, el continente y el contenido. Lo material importa: sus materias primas; sus máquinas, sistemas y procedimientos; su productos, tecnología, servicios y computadoras. Pero, por supuesto, también es fundamental lo humano: sus directores, ejecutivos, gerentes, supervisores y trabajadores de las más diversas actividades. Todas esas personas son importantes para la empresa. Prueba de ello es el testimonio de miles de ellas que han trabajado en Bimbo, como afirma Servitje:

> Hemos creado una relación con nuestro personal que a nosotros mismos nos sorprende muchísimo. Nos alegra ver que las personas que vienen a trabajar crean un vínculo casi familiar con nosotros. Por ejemplo, un vendedor que ha trabajado muchos años en la empresa y se jubiló recientemente, enterado de que habíamos cambiado de uniforme, llamó para solicitar uno. Al preguntarle para qué lo quería, si ya no estaba en activo, contestó que cuando muera quiere ser enterrado con su uniforme.

Desear y querer

Desear y querer son dos actitudes diferentes. Desear algo no compromete la vida ni exige ponerlo en práctica. Puede ser una ambición o un motivo emocional pasajero que se apoya en el sentimiento. Simplemente se desea si es fácil de conseguir. En cambio, cuando se quiere verdaderamente algo, se mantiene el esfuerzo para conseguirlo y es fuente de motivación. En ese caso interviene la racionalidad y se desarrolla la voluntad. Esta actitud enriquece la personalidad y la hace más sólida. Se ha comprobado que si los niños aprenden a aplazar la recompensa, cuando son adultos consiguen un desarrollo más exitoso.

En ese sentido también se han hecho estudios que demuestran que se refuerza más la resiliencia cuando se elogia el esfuerzo por encima de la inteligencia. Uno de esos estudios realizado con 400 niños en la Universidad de Standford concluyó que el grupo al que se elogió por su inteligencia elegía pruebas más sencillas para evitar el fracaso. Por el contrario, el grupo elogiado por su esfuerzo tenía una tendencia mayor a seguir haciéndolo y escogía las pruebas más difíciles, para poner a prueba sus capacidades, consiguiendo un rendimiento superior.

De todo ello se concluye que si alabamos la inteligencia de los niños, estos lo tomarán como algo que ya han desarrollado y no harán ningún esfuerzo por mejorar, y evitarán las pruebas en las que puedan fallar para no dañar esa imagen. Si por el contrario les reconocemos el esfuerzo, adoptarán su desarrollo como un camino progresivo, seguirán esforzándose para conseguir sus objetivos, a pesar de los errores que vayan cometiendo, y obtendrán un rendimiento superior.

Levantar empresas y construir personas

Una de las características de la personalidad resiliente es la tendencia a enfocar la vida al servicio de los demás. La labor filantrópica y de responsabilidad social de Lorenzo Servitje es amplia y destacada, ya que ha participado como consejero y patrono en múltiples organizaciones no lucrativas de México. Durante toda su vida, ha sido un incansable promotor de la educación superior y del trabajo cimentado en los valores humanos. Su trayectoria le hizo merecedor del Premio Tlamatini en 1999. *Tlamatini* significa en náhuatl «el que sabe», y con este premio se reconoce a las personas que con su voluntad, quehacer y talento han realizado aportaciones importantes a la educación en México.

Lorenzo Servitje es un líder empresarial, y su idea del liderazgo se adecúa a la definición que da Lawrence M. Miller en su libro *Un nuevo espíritu empresario*: el liderazgo requiere seguidores, y el acto de seguir es un acto de confianza y de fe en la persona, una fe que puede generarse solo si se actúa con integridad. Servitje afirma que la integridad es honestidad y a la vez perseguir de manera responsable el objetivo.

Hablamos de responsabilidad social, pero ¿qué es lo social? Servitje no duda al contestar:

La finalidad social externa de la empresa es contribuir al pleno desarrollo de la sociedad en la que se encuentra y su finalidad social interna es la de contribuir al pleno desarrollo de sus integrantes. En pocas palabras, las finalidades económicas y sociales de la empresa son para servir a los hombres de fuera y a los hombres de dentro de la empresa, y ambos están estrechamente vinculados.

La sociedad es como una telaraña; lo que sucede en cualquier parte de ella se transmite, para bien o para mal, a todo el conjunto. Somos hilos en esa red, pero también somos tejedores de la misma.

Con frase concisa y memorable, Peter Drucker dijo que las empresas deben hacer bien las cosas (*do well*) para poder hacer el bien (*do good*).

El gran reto es conciliar las exigencias económicas y sociales, lo que exige, además de fría razón, tener imaginación, intuición y un profundo sentido humano de discernimiento y servicio. Y aun afecto, corazón.

La ética es algo que no debe encerrarse en el ámbito privado, sino que incluye también lo social. No es aceptable la contraposición entre una libertad individual, regida por la ética y una libertad social en la empresa, aséptica. Y no hay duda de que la libertad es un resorte insustituible para la acción empresarial que debe conciliarse con la responsabilidad de ser utilizada para el bien de los hombres.

Siempre existirá una tensión entre lo que puede hacerse —campo de la economía— y lo que debe hacerse —campo de la ética—. El deber del dirigente de empresa es esforzarse por que haya un acercamiento y un equilibrio entre ambas.

Como dijo Aristóteles, en el justo medio está la virtud. Y en esa titánica búsqueda ha «invertido» Servitje toda su vida. Cuando le pregunto si para hacer realidad esa máxima es necesario un nuevo espíritu empresarial, en su respuesta se halla implícito lo que él entiende por «el alma de la empresa»:

Todos los bienes y todos los sistemas deben estar al servicio del hombre. La empresa es para el hombre y no el hombre para la empresa. Es importante que la empresa tenga ese sentido humano del que hemos hablado para que pueda cumplir con su responsabilidad social; que sea una empresa con alma; que no sea una simple máquina de producir y de hacer dinero. Y también es importante que quienes la han creado y la administran tengan la vocación de hacer algo valioso, algo que trascienda, algo de lo que puedan sentirse orgullosos.

Hablo de ejecutivos que no dirigen solo con su inteligencia, sino también con su corazón. Y este espíritu, esta alma de la empresa, es lo que puede hacer de ella no solamente un medio para que cada uno se gane la vida dignamente, sino también el lugar donde sea alguien, donde pueda realizarse como persona y también como profesional y ser feliz.

Lorenzo Servitje sigue preocupado por lo mismo que cuando empezó:

Crear una estructura y un ambiente adecuado para el cambio. Lograr que nuestros colaboradores den lo mejor de sí mismos. Buscar el concepto real de lo que es un ser humano para que la empresa potencie sus posibilidades. Y entender que las empresas no son el producto de una mera aplicación de procedimientos, sino que arrancan del espíritu, el empuje y el ánimo de sus directivos.

En esa misma línea, piensa que «una de las mayores tareas de la empresa es organizar el esfuerzo humano para alcanzar sus objetivos económicos». Lo animo a que envíe un mensaje a los jóvenes emprendedores, y dice sin dudar:

El que la sigue la consigue. Si perseveran en su empeño, en sus sanas ambiciones… tarde o temprano saldrán adelante. Necesitan trabajar mucho y arriesgarse. Trabajar mucho porque las cosas no se hacen fácilmente. Sin riesgo no hay trabajo empresarial. Cuando se tiene un proyecto, no hay que tener miedo, porque todo sale adelante con trabajo, esfuerzo y riesgo… Hoy habría que decir: con ahorro, esfuerzo y riesgo. Hay que ahorrar porque el ahorro es la base. Si los jóvenes no ahorran cuando son jóvenes, ¿cómo van a poner un negocio? Nosotros toda la vida hemos ido invirtiendo los beneficios en mejorar la empresa, manteniendo clara la visión de la importancia de cada persona y sus necesidades vitales. Y hay que saber que el éxito no se logra solo con cualidades especiales. Es sobre todo un trabajo de constancia, de método y de organización.

Necesidad de hacer balance existencial

Cuando pasan los años y amaina el huracán de la prisa de la vida, con sus méritos trabajados y conseguidos, adquirimos otra perspectiva y solo lo que permanece en el corazón es lo que importa.

Las personas que mantienen ilusiones nunca envejecen por dentro, aunque el cuerpo ya no pueda responder con la misma viveza. Es el caso de Servitje, quien continúa siguiendo con interés la marcha política y económica tanto de su querido México como de todo el planeta. Después de su dilatada vida, llena de retos y supervivencias, le pregunto sobre cuál ha sido el momento más difícil por el que ha pasado. Me responde con contundencia que ha sido el fallecimiento de su esposa.

> Fue algo inesperado y desgarrador. El momento más terrible de mi vida llegó por sorpresa. Sufrió un infarto y se nos fue. Ocurrió hace diez años, y todavía no me acostumbro a vivir sin ella. Me derrumbé, pero tengo una familia que me apoya y me impulsa a seguir adelante. Me mantienen vivo y me dan las mayores alegrías. Tengo ocho hijos, y nuestra familia pronto llegará a tener cien miembros.

En su escala de valores, su familia ocupa un lugar esencial y, aunque en el pasado no pudo dedicarles todo el tiempo que le habría gustado, siempre fue su principal motor. Ahora sí puede permitirse ese lujo.

Uno de sus hijos, Daniel, ha tomado el testigo y actualmente es el presidente de Bimbo. Desde muy joven, aprendió el negocio. Todos los veranos iba a trabajar a las plantas y llegó a pasar por todos los departamentos, de tal forma que cuando terminó la carrera ya conocía de primera mano el funcionamiento de la empresa por dentro. Cuando se incorporó al negocio recorrió todos los puestos, desde vendedor hasta responsable de ventas, y ese entrenamiento le dio una clara visión empresarial que actualmente pone en práctica. También aprendió de su familia el amor por México y los profundos valores de la vida, un patrimonio que merece la pena custodiar y transmitir como la mejor herencia.

La resiliencia a lo largo de la vida

Los psiquiatras constatamos que ante la misma situación unos se derrumban y otros se crecen, y eso no está fuera del individuo ni responde a tener una fuente de recursos materiales, sino que es una actitud interior. A esto se refiere el cuento de León Tolstói cuando narra la historia del zar enfermo que prometió la mitad de sus posesiones a aquel que pudiera devolverle la salud: «Y así fue como un trovador le indicó que sanaría si encontraba a un hombre feliz y vestía su camisa. Los emisarios del zar recorrieron todo el mundo buscándolo, pero no encontraron a nadie que estuviera completamente satisfecho y feliz. Sin embargo, cuando al fin lo hallaron, no encontraron el ansiado consuelo: el hombre feliz no tenía camisa». Esto nos hace pensar que, con frecuencia, cuantas más posesiones acumulamos, ya sean riquezas o poder, contrariamente a lo que nos puede parecer a simple vista, más se complica nuestra existencia.

No importa la capacidad de resiliencia que tengas actualmente, porque ya hemos visto que no es algo absoluto sino que se puede desarrollar o perder. Si piensas en lo que has vivido, puedes encontrar algunos errores, pero si te planteas el futuro, los años que te queden por delante, lo mejor es desarrollar la capacidad que te ayude a ser feliz. La vida es más fácil de lo que habitualmente la hacemos y lo que más nos importa es ser felices. En este caso, lo que cuenta no son los recursos exteriores sino lo que tenemos en el interior.

La personalidad resiliente

La persona resiliente resiste los desafíos de la vida y sabe transformar las crisis en crecimiento. Estas personas se caracterizan por tener control emocional, autoestima adecuada, confianza en sus propios recursos, una vida estimulante y una actitud positiva ante los retos.

Este tipo de personalidad funciona como un amortiguador de los problemas, como una especie de vacuna protectora que debilita la normal respuesta al estrés.

Puede haber cierto número de personas que tengan genéticamente mayor capacidad para el afrontamiento, pero, de acuerdo con nuestra experiencia de más de una década de trabajo en el campo del trauma, la clasificación en función de la resistencia ante los problemas sería la siguiente:

- Un 25 por ciento de las personas más fuertes psicológicamente que la media.
- Un 25 por ciento de las personas más vulnerables que afrontan peor los retos.
- Un 50 por ciento de las personas que dependen de la intensidad del estresor y de su situación personal en ese momento.

No obstante, en cualquier caso, lo que importa es saber que no nacemos con una personalidad resiliente, sino que podemos tener mayor o menor potencial, aunque siempre habrá que desarrollarla para que pase de la capacidad de ser resiliente a la resiliencia efectiva.

Desde este supuesto, llevamos más de una década estudiando las capacidades de afrontamiento a la adversidad mediante el desarrollo de los pilares de una personalidad madura y resiliente:

1. Compromiso. Sentir que somos capaces y estar dispuestos a afrontar retos, basándonos siempre en el «yo soy, yo tengo, yo puedo y me comprometo» que defiende Edith Grotberg (1999).

2. Control. Saber que los obstáculos son salvables y, por ese motivo, no sentirnos víctimas de las circunstancias, con la sensación de no poder hacer nada, sino considerar que somos capaces de decidir acerca de nuestra propia vida aunque las circunstancias sean difíciles.

3. Reto. Asumir que los problemas son parte de la vida y representan una oportunidad para crecer y evolucionar como seres humanos. Por eso concebiremos el reto como una experiencia normal de la que siempre podemos aprender algo y fortalecernos.

Esta manera de enfrentarnos a la vida proporciona un efecto protector para la salud mental y física, porque modifica nuestras percepciones negativas de los acontecimientos al vernos capaces de afrontar los conflictos, a la vez que mejora la autoestima y la seguridad en nosotros mismos como resultado de ese afrontamiento eficaz.

Al tener mayor sensación de control de los acontecimientos ya no sentiremos miedo ante la incertidumbre y, en consecuencia, presentaremos menos activación frente al estrés, por lo que no enfermaremos como respuesta a la carga mental (carga alostática). Esta actitud favorece estilos de vida saludables, mejora las relaciones interpersonales y el descanso, disminuye la necesidad de consumo de sustancias, etc.

La resiliencia, además de ser una capacidad innata, puede aprenderse y ser desarrollada para tener mayor control sobre nuestra vida y no poner en marcha los mecanismos del estrés.

En el siglo I d.C., el filósofo griego Epícteto decía que no está en nuestras manos ser ricos, pero sí ser felices. Hoy quizá nos parezca más difícil encontrar la felicidad que la riqueza, pero en Servitje vemos que es posible conseguir ambas, aunque las dos demanden un trabajo duro. Por eso defiendo la idea de que la felicidad no es un resultado sino una opción previa; es decir, yo decido ser feliz y pongo los medios para conseguirlo.

7

Después del trauma...
¿Y ahora qué?

La pregunta clave

No podremos evitar ser golpeados por los acontecimientos de la vida, pero lo que sí está a nuestro alcance es la respuesta emocional a lo que amenaza con desestabilizarnos. Aprender a fortalecernos para resistir y minimizar los daños, e incluso salir del túnel siendo mejores, depende de lo que hagamos.*

En este último capítulo pretendo aportar las claves para un desarrollo de la resiliencia personal. Este concepto se puede aplicar tanto a organizaciones como a personas, puesto que tú puedes ser también apoyo de otros.

La primera pregunta que generalmente se hace una persona al enfrentarse al trauma es: «¿Por qué a mí?». Y a lo largo de los capítulos anteriores hemos podido comprobar que esa pregunta

---

* No me aparto de mi oficio de psiquiatra (psique = mente, tria = orden) al intentar recuperar el sentido genuino del ser humano con la actitud de levantarse y luchar. Debemos eliminar el estigma generalizado de considerar la lucha como algo cansino, cuando lucha y conquista del premio van siempre unidos.

recurrente nos lleva a un sufrimiento aún mayor porque no tiene respuesta, y cuanto más tiempo transcurra, mayor será la dificultad para pasar a la acción. En el proceso de aceptación surge la siguiente pregunta: «¿Y ahora qué?». Esta es constructiva porque muestra el camino hacia la solución.

En los últimos años se observa una psiquiatrización de la vida cotidiana y se recurre fácilmente a tomar pastillas para aliviar el sufrimiento que conlleva el hecho de vivir. Los psicofármacos son muy eficaces para controlar los síntomas que pueden aparecer al principio del problema, como insomnio, ansiedad o depresión, pero no son la solución al problema. El camino más corto está en la aceptación de lo que no podemos evitar y, cuanto antes, en la obtención de los recursos para lograr el crecimiento postraumático. En ese sentido, después de trabajar muchos años con pacientes que padecen un estrés postraumático, vemos necesario desarrollar una personalidad más fuerte frente a los sucesos adversos que a lo largo de la vida todos somos candidatos a padecer, e incluso si nos ocurriera un episodio de mayor entidad, también tendremos la capacidad de afrontarlo mejor.

Los signos de la resiliencia

Todos conocemos a personas que han podido superar una situación difícil, cuando no traumática, con tal naturalidad que son resilientes sin saberlo, y sin una atenta mirada por nuestra parte, no podríamos apreciarlo.

Igual que el humo es signo natural del fuego, podemos llamar signos a las señales que observamos en las personas capaces de superar la adversidad. A través de los testimonios que hemos recogido en este libro, podemos saber de forma intuitiva a qué nos referimos cuando hablamos de personas resilientes. Cabe decir que la resiliencia es el resultado de una personalidad fuerte que no se viene abajo frente a las adversidades de la vida y no solo ante un acontecimiento, sino también ante las dificultades del día a día. Ese entrenamiento hace ser a esas personas más maduras y estables cada día.

La personalidad se va conformando a lo largo de la vida, pero es importante que su estructura esté bien asentada desde el inicio porque, en edades tempranas, la parte afectiva y el modelo educativo están muy relacionados con el desarrollo cognitivo y sus futuras relaciones con el mundo exterior. Nuestra experiencia vital es fruto de lo vivido ayer y, de alguna manera, nos configura el mañana.

Hoy estamos construyendo una sociedad en la que educar se ha convertido en algo muy difícil. Muchos niños pasan bastante tiempo solos, perciben un alto nivel de estrés en la familia y en la calle, y, como consecuencia de ello, están demasiado sobreprotegidos o son maltratados. Generalmente, desconocen cuáles son los límites en el hogar y, a veces, en el colegio toleran mal la frustración y, como se dispone de poco tiempo para educarlos, se les da lo que piden para que no molesten. Fruto de esa forma de vivir, se produce un retraso madurativo en sus conexiones neuronales, especialmente en el lóbulo frontal, y más adelante, cuando pasen los años, siguen teniendo dificultad para aceptar lo que contraría sus deseos.

Por consiguiente, se está observando un crecimiento alarmante de niños hiperactivos, muchos con déficit de atención, impulsivos y caprichosos, que con el tiempo se hacen inestables emocionalmente. Esto debe llevarnos a modificar el modelo de educación porque fortalecer el carácter en edades tempranas condiciona el futuro.

Los pilares de la resiliencia

Podemos encontrar distintas opciones para construir la resiliencia, porque se trata de potenciar una capacidad latente en el ser humano. Por este motivo no encontraremos unanimidad entre lo que dicen unos autores y otros sobre este tema. Nosotros mismos, los y las profesionales, hemos ido perfilando y enriqueciendo nuestro programa a lo largo de los años con la experiencia.

La comunidad científica ha admitido lo que llamamos «pilares de la resiliencia» como punto de partida para el desarrollo de esta capacidad. Aun así, algunos autores engloban diversos criterios en un solo apartado y, por tanto, puede variar el número de estos. En el equipo del que formo parte trabajamos con diez dimensiones que consideramos existen en las personas resilientes:

1. INTROSPECCIÓN. Capacidad de observarse, conocerse a sí mismo y darse una respuesta honesta en relación al mundo exterior. Para ampliar este campo empleamos algunas herramientas:

- Test de autoconocimiento.
- Escala de vulnerabilidad y resiliencia.
- Cuestionario de ansiedad.
- Rastreo psicológico y foco principal de preocupación.

2. MOTIVACIÓN ESENCIAL. Capacidad de darle sentido a la vida creando su propio proyecto trascendente:

- Visualizar lo que se desea que sea la propia vida dentro de tres, cinco, diez años.
- Qué se debe cambiar de uno mismo: actitudes, comportamientos, etc.

- Qué se debe quitar y añadir para llegar a ser la persona que se quiere ser.
- Motivación para perseverar a pesar de los obstáculos.

3. AUTORREGULACIÓN EMOCIONAL. Capacidad de afrontar tensiones sin victimismo como parte de la vida, debilitando la respuesta al estrés:

- Tener control sobre los impulsos y las emociones.
- Tomar perspectiva sobre los problemas cotidianos.
- Mantener la calma en momentos de tensión.
- Tomar decisiones y asumir responsabilidades y retos personales.

4. INDEPENDENCIA Y AUTONOMÍA EMOCIONAL. Capacidad de mantener distancia emocional y física ante los conflictos sin caer en el aislamiento. Saber fijar límites entre uno mismo y el medio con problemas:

- Respetar normas y límites de forma voluntaria. Hacerlo porque uno quiere.
- Tomar las propias decisiones y asumir riesgos.
- Fortalecerse individualmente para saber afrontar el dolor emocional.
- Esforzarse diariamente para ejercitar la voluntad.

5. CONFIANZA EN UNO MISMO y en los propios recursos. Adecuada autoestima, iniciativa y responsabilidad para lograr autonomía personal:

- Valoración proporcionada de uno mismo sin comparaciones con los demás.
- Valoración objetiva de los demás aceptando la diversidad.

- Proponerse metas posibles con los pasos para conseguirlas.
- Superar el miedo al riesgo.
- Asumir la responsabilidad de la propia vida.

6. CAPACIDAD DE RELACIONARSE. Habilidad para establecer vínculos afectivos maduros con otras personas creando relaciones saludables:

- Equilibrar la propia necesidad de afecto con mantener una independencia emocional.
- Comprender y respetar a los demás.
- Poner la confianza en alguien para compartir preocupaciones.
- Desarrollar y fomentar la empatía.
- Inteligencia emocional en las relaciones interpersonales.
- Detectar los errores cognitivos en los que caemos y sustituirlos por pensamientos adaptados a la realidad.*

7. ACTITUD POSITIVA Y OPTIMISMO. Es un componente clave en las personas con buena salud mental:

- Ser proactivo y contagiar energía.
- Moverse siempre en la misma dirección hacia la meta.
- Aceptar los errores y no justificarse. Proyectar la culpa en otros incapacita para crecer.

---

* Errores cognitivos o creencias irracionales de Beck. La conducta se condiciona por el modo de pensar que se ha desarrollado a partir de experiencias anteriores. Son pensamientos automáticos que se imponen y tienden a dramatizar cualquier suceso. Uno de ellos es la generalización como tendencia a llegar a una conclusión equivocada a partir un simple incidente negativo. Por ejemplo, hablar en términos de «nunca», «siempre» o «nadie», o afirmar radicalmente que «siempre me ocurrirá».

- Asertividad y valentía para no dejarse intimidar ante una fuerte oposición.

8. SENTIDO DEL HUMOR Y CREATIVIDAD. Capacidad para resolver problemas relativizando y sabiendo encontrar lo cómico en la propia tragedia:

- Sonreír, gastar bromas y hacer reír a otras personas.
- Encontrar nuevas formas de ver las cosas.
- Desdramatizar poniéndose en lo peor y viendo que la vida no acaba ahí.
- Aportar soluciones alternativas.

9. COLABORACIÓN y COMPROMISO. Capacidad de comprometerse con valores y ayudar a otros:

- Mantener la actitud de ayudar a otros.
- Compartir el conocimiento con otros generosamente, siendo estímulo para ellos.
- Comprometerse con el propio proyecto vital.
- Responsabilizarse de la propia tarea y terminarla superando los obstáculos.

10. ÉTICA y COHERENCIA basada en la MORAL:

- Mantener una unidad de vida entre lo que se dice y lo que se hace.
- Tener criterios morales sólidos.
- Ser veraz en todo momento. No aceptar que se hable mal de otros.

Como síntesis de todo lo expuesto, la persona resiliente resiste los desafíos de la vida y sabe transformar las crisis en crecimiento. Estas personas se caracterizan por tener control emocional, autoestima adecuada, confianza en sus propios recursos, una vida estimulante y una actitud positiva ante los retos. Este tipo de personalidad funciona como un amortiguador de los problemas, como un sistema inmunitario anímico, una especie de vacuna protectora que debilita la normal respuesta al estrés.

La resiliencia es para todos

El ser humano tiene un enorme potencial que con frecuencia no consigue desarrollar como quisiera. La resiliencia es la capacidad de la persona que sabe poner en marcha los recursos psicológicos para sobreponerse a los conflictos vitales y seguir proyectándose en el futuro a pesar de acontecimientos estresantes, desestabilizadores o traumáticos, aprendiendo a salir fortalecida de la propia experiencia negativa.

Por tanto, ante la pregunta: ¿cualquier persona puede ser resiliente?; la respuesta es: sí. Lo más importante es querer, adoptar el compromiso personal de superarse. Einstein decía: «Hay una fuerza motriz más poderosa que el vapor, la electricidad y la energía atómica: la voluntad»; pero podemos reforzar ese concepto especificando que se trata de «la voluntad de querer».

La neurociencia actual demuestra que la resiliencia es una respuesta cerebral adaptada, y su desarrollo indica un ajuste saludable frente a la adversidad. En el Instituto Español de Resiliencia trabajamos con un programa estructurado, que se ha ido consolidando en sus diez años de experiencia, donde cada participante se propone ser la persona que quiere llegar a ser, diseñando y esculpiendo su propia personalidad, y partiendo del autoconocimiento con el propio potencial que posee.

Para cambiar es necesario forzar al cerebro a disparar nuevos circuitos neuronales. A esto se lo llama «modulación», porque implica un cambio en el modo de pensar, sentir y actuar. La mente se puede programar con el fin de modificar la percepción y, como consecuencia, también variar la respuesta fisiológica y emocional para cambiar el comportamiento. Esta modulación del cerebro parece algo nuevo, pero Santiago Ramón y Cajal (1852-1934), el científico español que mayor reconocimiento mundial ha tenido por su estudios pioneros del cerebro (fue galardonado con el Premio Nobel de Medicina en 1906), ya afirmó que «todo hombre puede ser, si se lo propone, escultor de su propio cerebro».

La modulación del cerebro exige unos pasos necesarios para lograr el cambio de conducta de forma duradera: autoconocimiento, voluntad firme de mejora que se manifieste en la práctica habitual de nuevos comportamientos, reconocimiento social y automotivación. Esto requiere esfuerzo y entrenamiento, que conviene apoyar con evaluación externa y seguimiento para que el deseo se convierta en un plan de desarrollo, en un hábito.

Súmate a la resiliencia: primeros pasos

Es necesario mostrar modelos de referencia de personas que cayeron o fueron golpeadas por distintas causas y se levantaron, para que podamos ver cómo quedó plasmada la resiliencia en sus vidas. Lo heroico es volver a empezar cuando humanamente se ve perdida la esperanza; las personas que son capaces de hacer esto pasan de ser consideradas víctimas a convertirse en protagonistas de la historia. Pero llegar a ese estadio requiere algunos pasos previos.

En primer lugar, es muy importante que la decisión sea firme para poder empezar. La experiencia de Anne-Dauphine es muy ilustrativa al respecto: «Estoy convencida de que podemos y debemos sobrevivir a la tragedia». Por tanto, para trabajar la resiliencia personal partimos del autoconocimiento como base para descubrir las fortalezas y las carencias con las que contamos. Es importante conocer el potencial propio para tener una visión más objetiva y relativizar lo que se siente en algunos momentos. Las emociones forman parte del ser humano y es comprensible que, por ejemplo, en situaciones de extrema dificultad salga a la superficie lo peor de uno mismo, que permanecía oculto en tiempos de bonanza. Sin embargo, necesitamos aprender a regular las emociones porque a veces son tan intensas que provocan un gran malestar y, al no saber manejarlo, dificulta el crecimiento. La consecuencia de salir victorioso de todo ese proceso es el crecimiento personal. Por ello, aunque tradicionalmente se ha puesto un gran énfasis en recoger datos que aporten material para el análisis de los problemas psicológicos, nuestra experiencia nos lleva a centrar el tema en el desarrollo de la inteligencia emocional para construir el futuro desde el presente.

En segundo lugar, debemos trabajar la percepción para ver el problema como algo superable. Por ejemplo, Teresa Silva destacaba: «No me gusta pensar en las dificultades, prefiero centrarme en los logros». Esto no quiere decir que una situación no nos resulte dolorosa ni que tengamos que olvidarla, sino que hay que aceptar que la vida se traduce en un conjunto de motivaciones y que puede seguir siendo rica y satisfactoria mientras trabajamos por recuperar lo que se ha perdido, sabiendo esperar o aplazar la recompensa. En ese sentido, Ismael Santos decía que «el secreto para superar las adversidades y los momentos duros que llegan es precisamente darse cuenta de que son una parte esencial de la vida y grandes oportunidades que te presenta la misma para crecer a nivel personal». De esos testimonios se deduce que la causa fundamental del sufrimiento de las personas está en la representación mental que construyen de lo que les sucede. Esto se ve también con relativa frecuencia en el desarrollo del estrés laboral. Cuando se percibe la causa como algo impuesto, que no podemos asumir, aparece la enfermedad producida por la carga mental. Pero si esa misma causa no se percibe como algo negativo, puede convertirse en un mecanismo potenciador que lleve a conseguir un crecimiento. Así pues, la causa que provoca el sufrimiento está en relación con la percepción y no tanto en sí misma. Por tanto, debemos cambiar la percepción, el cómo vemos las cosas, porque eso ayuda a aceptar la experiencia traumática y nos permite empezar a desarrollar la resiliencia. Si esta no se acepta, es difícil integrarla en la vida futura, y esa actitud, por la no aceptación de lo ocurrido, es un reflejo de rigidez mental o psicológica. La persona que no es capaz de aceptar un cambio y adaptarse piensa que su vida no tiene sentido a partir de esa circunstancia, y desarrolla conductas de evitación, tendiendo a inhibirse y aislarse. Se trata de aprender a mirar el futuro de forma constructiva, pensando no tanto en lo que se ha perdido sino en qué podemos hacer con lo que tenemos. La conclusión, por tanto, es que un mismo problema hace que unas personas se engrandezcan y otras sucumban.

Por último, sabemos que se puede ser feliz aceptando las situaciones más duras y dramáticas que podamos imaginar, situaciones terminales de cáncer, enfermedades degenerativas, procesos de duelo, depresiones, etc. Podemos recordar a José Villela cuando decía en voz alta: «He perdido el 90 por ciento de mis capacidades, pero me queda intacta la cabeza para poder ayudar a otros». Conseguir el objetivo de ser feliz es algo que podemos descubrir por muchos caminos, a pesar de los obstáculos. Para ello, es necesario determinar lo que de verdad importa en la vida de cada uno y adquirir el compromiso de centrarse en conseguirlo, ya sea por un medio o por otro. Para lograr la motivación es necesario saber qué queremos y adónde vamos, junto con el desarrollo de la voluntad y el dominio de las emociones. En este sentido podemos recordar a Martha Rivera cuando afirma con determinación: «El futuro no es lo que viene, sino lo que vamos a buscar».

Programa de entrenamiento

El futuro no es cuestión de suerte. Generalmente es algo que se busca, se trabaja y se logra. El camino para construir una personalidad resiliente no siempre puede recorrerse con éxito sin un entrenamiento previo. Por tanto, ha llegado el momento de abordar la parte más práctica de este libro, para responder a la pregunta: ¿cómo puedo aplicar a mi vida personal todo lo que he aprendido?

Conviene partir de una reflexión para afianzar los conceptos aprendidos. ¿Qué tienen en común los personajes públicos que son modelos de resiliencia? ¿Qué cualidades me llaman la atención entre las personas que conozco y verdaderamente considero que me atraen por su entereza y carácter? ¿Tienes tú alguna de estas características o te gustaría desarrollarla? Conviene prepararnos para la travesía de la vida pues, como decía Séneca, en la tormenta es cuando se conoce al buen piloto.

También puede ser buen punto de partida considerar acontecimientos que nos han desestabilizado, pues ahora podemos identificar las carencias que tuvimos o los recursos que podríamos haber aplicado pero no tuvimos constancia o fortaleza para ir hacia delante sobreponiéndonos a los estados de ánimo.

Nuestro programa resume este entrenamiento en seis pasos:

1. **Autoconocimiento:** fortalezas y carencias con las que contamos.

2. **Percepción:** ver los problemas como algo superable.

3. **Aceptación:** asumir que los problemas son parte de la vida.

4. **Motivación:** tener objetivos reales y claros.

5. **Voluntad:** dar pasos constantes en la misma dirección.

6. **Crecimiento:** saber que una dificultad bien gestionada se convierte en una oportunidad de crecimiento.

PASO 1: AUTOCONOCIMIENTO

Se trata de liberar el potencial, la capacidad de resiliencia, ese talento que todos llevamos dentro pero que no conocemos su capacidad hasta que la vida nos pone al límite.

El punto de partida es lo que nosotros llamamos un rastreo psicológico, esto es, un recorrido por la propia biografía y por nuestras motivaciones y nuestros deseos. Debemos interrogarnos a nosotros mismos sobre lo que nos gustaría conseguir para ser felices; preguntarnos cuál ha sido nuestro principal logro y nuestro mayor fracaso o decepción, cuáles son fortalezas y áreas de mejora, qué trabajo nos gustaría desarrollar o cómo nos gustaría vernos dentro de diez años. A partir de ahí, construimos.

Quizá descubramos que estamos involucrados en un tipo de vida o de actividad frenética que no nos aporta grandes beneficios y que nos impide concentrarnos en lo que de verdad nos importa para alcanzar una vida más plena y lograr la resiliencia.

En ese momento comienza una reflexión profunda sobre uno mismo. Esta introspección, siendo tan importante, no es frecuente hacerla en época de bonanza. Hasta que la vida no nos sacude y experimentamos el sufrimiento, no nos planteamos estas cuestiones. Y al tratar de encontrar la respuesta, crecemos.

El conocimiento de uno mismo, tal y como apuntaban los griegos, es el punto de partida elemental. Con ese fin fue grabado en la fachada del templo de Apolo en la ciudad de Delfos, para dejar claro que es la base de toda sabiduría y que no se puede llegar a conocer a otros sin conocerse a sí mismo. Y este autoconocimiento es, por tanto, lo que nos va a permitir levantar los siguientes pisos del edificio, porque ya sabemos sobre qué terreno construimos.

Planteamos en este punto algunas preguntas abiertas para la reflexión junto con un estudio de personalidad y vulnerabilidad.

- ¿Qué quieres conseguir?
- ¿Cómo lo estás haciendo?
- ¿Qué podrías hacer distinto para conseguirlo?
- ¿Qué dificultades encuentras y cómo puedes afrontarlas?
- Estudio de personalidad:
  - Test de temperamento (IPDE) y rasgos de carácter
  - Test Millon III
- Cuestionario sobre síntomas de ansiedad. Test pentadimensional (doctor Enrique Rojas)
- Escala de vulnerabilidad y resiliencia (2008)
- Rastreo psicológico:
  - Puntos fuertes y áreas de mejora
  - Lo que me motiva
  - Lo que me estresa
  - Lo que me descansa

PASO 2: Percepción

La percepción condiciona las emociones y el comportamiento. Debemos ver los problemas como algo superable porque la conducta se adecua a lo que esperamos que ocurra. Cuando la percepción es negativa, de miedo o inseguridad, ese pensamiento provoca una serie de comportamientos que hacen que termine sucediendo lo temido. Esto lo podemos observar a la hora de aprender a montar en bicicleta. Hemos de mirar al frente, que es donde queremos ir, porque si miramos hacia un lado acabamos cayéndonos hacia ese lado.

A veces hace más daño que la propia adversidad el mal afrontamiento. Decía Viktor Frankl, refiriéndose a esto, que el sufrimiento no es lo que destruye al hombre, sino no encontrarle sentido. Por tanto, hay que tratar de mirar más allá del presente y pensar que en el futuro las cosas mejorarán con nuestro esfuerzo y determinación.

Entre las personas resilientes que hemos entrevistado en estos diez años, encontramos un común denominador para resistir la destrucción y construir sobre lo adverso, que puede resumirse en tres puntos:

1. En las crisis siempre buscan la estrategia para salir, porque la idea de futuro les hace más soportable el presente.

2. Formulan una explicación a lo que sucede. La lógica cognitiva les permite aprender.

3. Abordan el problema de forma constructiva porque fortalecen la esperanza. (Se apoyan en el Yo soy, Yo tengo, Yo puedo.)

PASO 3: ACEPTACIÓN

Los problemas son parte de la vida, y aceptar las circunstancias que no podemos cambiar nos ayuda a concentrarnos en lo que podemos mejorar. Este tema ha sido tratado ampliamente a lo largo del libro a partir de los testimonios de las personas entrevistadas, a los cuales me remito para alcanzar una verdadera comprensión de lo que en este ámbito significa «aceptar».

El común denominador de esas personas se estructura casi siempre sobre tres premisas para construir la aceptación de esa nueva circunstancia de su vida:

1. Ser conscientes de que esa dura realidad que han vivido no es posible cambiarla.

2. Considerar que siempre hay otras personas en peores condiciones aún.

3. Descubrir todo lo bueno que se tiene alrededor y en uno mismo como palanca para superar y aceptar la nueva realidad.

PASO 4: MOTIVACIÓN

El cerebro se caracteriza por su plasticidad, por su capacidad de adaptación, y por ello la motivación es tan importante. Se trata de una fuerza poderosa, es atractiva y se contagia. Conseguimos motivar a una persona dándole confianza.

También es esencial marcarse unos objetivos reales y claros:

- ¿Qué quiero hacer?
- ¿Qué sé hacer?
- ¿Qué puedo hacer?

Tan necesario es saber qué quiero, como tener un método para conseguirlo. Éste pasa por cuatro escalones: reflexión, confianza, entrenamiento y evaluación, puesto que correr continuamente sin saber cuáles son nuestras prioridades ni adónde queremos llegar es lo que puede derivar en una enfermedad o en la insatisfacción vital.

Debemos aprovechar todo lo que nos permita movernos hacia nuestras metas. En vez de centrarnos en tareas imposibles, debemos preguntarnos: ¿qué cosa sé que puedo lograr hoy que me ayuda a caminar en la dirección hacia la cual quiero ir? Y nunca debemos perder la esperanza. Porque a mayor esperanza, mayor resistencia. Una visión optimista de las cosas nos permite esperar que ocurran cosas buenas. Debemos tratar de visualizar lo que queremos en lugar de preocuparnos por lo que nos da miedo.

PASO 5: VOLUNTAD

Es necesario dar pasos constantes en la misma dirección, por pequeños que sean y por mucho que nos cuesten. La voluntad está estrechamente ligada a la perseverancia. Por ejemplo, si quieres subir una montaña y en el camino te encuentras un pantano, tienes dos opciones: seguir o abandonar. Así es la vida. La actitud de seguir o abandonar tiene que ver tanto con la voluntad como con la proactividad. Debemos ser creativos para encontrar la solución a ese problema o reto. Si atravesamos el pantano es porque queremos llegar a la cima de la montaña, nuestra meta. La voluntad se desarrolla con el esfuerzo y la repetición de actos que nos llevan a conseguir el objetivo.

Incluye determinación y firmeza en las decisiones. El talento sirve de poco si no se enriquece con voluntad, esfuerzo, carácter, constancia y disciplina.

PASO 6: CRECIMIENTO

Una dificultad bien gestionada se convierte en una oportunidad de crecimiento. Tendemos a centrarnos en el área de preocupación en vez de hacerlo en el área de influencia. Es más recomendable ocuparse en solucionar el problema que preocuparse por el mismo.

Para trabajar este campo debemos diseñar los objetivos que deseamos en tres círculos: personal, profesional y social. Luego observaremos la zona de intersección y daremos a cada círculo su prioridad para evitar que unos invadan el terreno de los otros.

Desarrollo continuo: 12 consejos para vivir con resiliencia

El secreto de la resiliencia es mantener lo que más importa. Sin embargo, para llegar a ese estadio, deberíamos preguntarnos en primer lugar: ¿qué es lo único que nos importará al final de la vida?; ya que se trata de algo que deberemos ir construyendo poco a poco, cuando todavía estemos a tiempo de hacerlo. Esto lo he aprendido en las consultas de mis pacientes, a quienes siempre planteo que piensen en cómo se verían a sí mismos si pudiéramos trasladarnos en el tiempo veinte años después... Este pequeño ejercicio lo hago muchas veces para que mis pacientes no se precipiten a dar ciertos pasos de los que después podrían arrepentirse.

El proceso de crecimiento debe ser sincrónico, aunque se puede ir poniendo el foco en un punto concreto para que sea más eficiente. Si te resulta difícil, puede que necesites el apoyo profesional de unas sesiones de coaching. Vale la pena conseguirlo porque este crecimiento es la mejor inversión para la vida.

Añado algunos consejos para vivir con resiliencia:

1. Reflexiona sobre qué es lo que de verdad te importa y vuelve a orientarte a tus **objetivos vitales**.

2. Desconecta para conectar con familia o amigos. Tenemos necesidad de un espacio vital agradable donde el servicio a los demás sea la base de la convivencia.

3. Proponte pistas de frenado auténticas cada fin de semana para **regular el estrés** y mantener las amistades.

4. No admitas en tu vida las **quejas**. Son improductivas y pierde calidad tu personalidad.

5. Enfócate en el **área de influencia** en vez de en el área de preocupación para eliminar cuanto antes los conflictos que aparecen.

6. Aprende a **sonreír** y a manejar el lenguaje no verbal. Es compatible con el concepto de autoridad.

7. No te dejes invadir por la **inmediatez.** Vivir excesivamente pendiente de los mensajes exteriores va en detrimento de la calidad de vida personal y laboral.

8. Crea un **espacio de paz** donde poder pensar y recuperar tus coordenadas vitales ante la prisa y el estrés.

9. Elige ser feliz en lugar de tener razón, y evita las discusiones con **inteligencia emocional**: inteligencia para saber adónde vas y empatía para entender al otro.

10. Mantén la **forma física**: alimentación sana, sueño adecuado y ejercicio con regularidad.

11. Colabora con la **ecología informativa**: no difundas malas noticias gratuitamente.

12. Dedica tiempo a tus **amigos** de siempre y **cultiva tus aficiones**.

Puedes desarrollar mayor resiliencia, pero esto no significa que seas invulnerable. La resiliencia es un recorrido personal, y cada uno se tomará su propio tiempo para lograrlo. No es un estado permanente sino un proceso en el tiempo. Puedes beneficiarte de algunos de los consejos que hemos aportado en este libro, pero teniendo en cuenta que en cada una de las distintas etapas de la vida te resultará más útil uno u otro aspecto. Si vuelves a leerlos dentro de unos años, quizá el crecimiento se apoye en otros consejos que hoy están para ti en segundo plano.

La resiliencia que aprendemos cuando la vida nos golpea nos será muy útil para gestionar la supervivencia en tiempos difíciles, sin miedo a las pérdidas porque son parte de la vida y no podemos evitarlas, pero si contamos con esta capacidad en todo momento, nos ayudará a mantener la confianza de saber que siempre habrá luz al final del túnel.

La resiliencia también te ayudará a ser una de esas personas que tienen capacidad de recuperación y saben ayudar a los otros. Y una última consideración para no perder la esperanza en ningún momento: cuando la noche se hace más oscura es justamente antes del amanecer.

En un dintel romano: «Nihil difficile volenti»

El secreto de la resiliencia lo encontré hace ya muchos años paseando por las calles de Roma: «Nihil difficile volenti». Se hallaba en el dintel de la puerta de un edificio que ha mostrado a través de los siglos esta sentencia a muchas generaciones, pero quizá pocas personas han descubierto su verdadera importancia. Traducido significa: «Nada es difícil para el que quiere». La fuerza de la voluntad, esculpida desde el esfuerzo continuado por alcanzar un objetivo, es clave en el desarrollo de la resiliencia.

El cerebro es el guardián de nuestra vida, el que responde ante las demandas que nos hacen. Su conocimiento nos aporta otra dimensión del ser humano. Una de cada cuatro personas presentará un problema mental grave a lo largo de su vida. El problema no está tanto en lo que nos pase como en nuestra respuesta, y eso es lo único que depende de nosotros.

Construir la capacidad de responder ante cualquier problema de manera inteligente y optimista hará que tu vida sea más feliz, y la existencia de quienes te rodean, más grata. Y eso dependerá en gran medida de tu resiliencia.

Estas páginas no pretenden ser más que una pequeña aportación a este importante reto de despertar la fuerza interior puesto que no hay meta que se resista al que quiere, ya que tenemos un potencial casi infinito. Termino recordando lo importante que es vivir la aventura del propio conocimiento para sacar lo mejor de uno mismo y conseguir ser uno más de esos héroes cotidianos que se superan día a día y ni siquiera saben que lo son.

Madrid, marzo de 2013

Te invito a visitar la web del IER: <www.resiliencia-ier.es> y «¡Súmate a la Resiliencia!».

Los recursos económicos generados con este libro se aplicarán íntegramente al Programa Alianza para la Depresión que imparte la Fundación Humanae (<www.fundacionhumanae.org>).

8

Y ahora... ¡una pandemia!

Asistimos perplejos al panorama mundial que va provocando la COVID-19 a su paso por los distintos países. Impresiona ver que en un mundo que marchaba seguro de sí mismo y a toda velocidad, de repente todo se frenó de forma global ante esta pandemia nueva y desconcertante. El miedo, la incertidumbre y el estrés se fueron imponiendo y, como si asistiéramos al rodaje de una película de ficción, el silencio se adueñó de las calles. Nos llegaron imágenes inéditas de las principales ciudades, —Roma, París, Madrid, Nueva York, etc.— sobrevoladas por un dron que nos iba mostrando el atronador silencio, junto a la sensación de que la vida se había detenido.

Atrapados en el concepto «THE VUCA WORLD», que tanto hemos trabajado en los últimos años desde una dimensión teórica, nos ha golpeado la realidad, ha mostrado su verdadera cara volátil, incierta, compleja y ambigua, que se escapa de nuestro control ya que ni siquiera la podíamos imaginar. Y al no ser algo esperado, no estábamos preparados.

Nos hemos encontrado de un día para otro con que «resiliencia» ha pasado de ser la palabra más buscada en el Diccionario de la Real Academia Española a ser la realidad más necesaria. El concepto «resiliencia» en tiempos de COVID-19 se ha impuesto a todos los niveles: individualmente, en la educación, en las empresas y en la sociedad. Ante esta crisis a nivel mundial, muchos países la han adoptado como banderín de enganche para dar ánimo a la sociedad, difundiendo sus planes de recuperación económica y social. Pero quizá los políticos la utilicen de forma superficial, desconociendo su sentido más profundo y sus verdaderas ventajas nacidas de la neurociencia.

Efectivamente, ante la imposibilidad de protegernos del tsunami pandémico que ha sobrevenido como un trauma colectivo, debemos aprender a navegar en él. Cada uno de nosotros hemos tenido que ir adaptándonos, a marchas forzadas y de forma drástica, primero al imperativo de vivir confinados y transformar la manera de relacionarnos con el mundo exterior: teletrabajo, videollamadas familiares, cafés virtuales, compras por internet, incluso funerales en canales de YouTube. Y después, nos tocará asumir con impotencia la crisis económica, psicológica y social que sobrevendrá inexorablemente.

El ser humano tolera mal la incertidumbre y los cambios le producen estrés. Esta conducta se debe a los automatismos que tiene nuestro cerebro, responsable de la supervivencia del individuo y de la especie, para cumplir con su papel protector. Actualmente, el bombardeo continuo de los medios de comunicación nos inquieta con noticias preocupantes: índices de contagio y de ingresos hospitalarios; fallecimientos en soledad, sin poder acompañar y despedir a las personas queridas; miedo ante la recesión económica; despidos del trabajo; negocios que cierran paulatinamente porque no han soportado la crisis... El dolor surge de forma espontánea frente a estas situaciones porque es la reacción natural ante la adversidad, pero lo que de verdad nos daña profundamente es no poder procesar el duelo al seguir en situación de secuestro emocional. Psicológicamente, se percibe el miedo al futuro como limitante y negativo, que con frecuencia es más poderoso que la causa que lo provoca. Toda esta amargura contenida aumenta considerablemente los problemas de ansiedad y depresión por la frustración acumulada y la incapacidad de tener el control, produciendo un daño psicológico difícil de evaluar hasta pasado un determinado tiempo.

A diario, tenemos capacidad de adaptarnos al estrés si no es demasiado intenso ni se mantiene durante mucho tiempo. El cansancio llega cuando se instala en nosotros el síndrome de fatiga pandémica, como ha definido la Organización Mundial de la Salud (OMS), provocando repercusiones negativas en la salud mental. Para entenderlo, imaginemos que debemos mantener un vaso de agua en la mano. Al principio puede parecer sencillo porque pesa poco. Pero si debemos aguantar esa situación durante una semana, vigilando que no se vierta el líquido, llegará a pesarnos cada vez más hasta generar un agotamiento crónico.

Mantener cualquier situación de estrés requiere la respuesta de nuestro cerebro para segregar determinados neurotransmisores que logren nuestros objetivos. Uno de ellos es el cortisol, que incrementa los niveles de glucosa en la sangre, y el otro es la adrenalina, que suministra energía aumentando la frecuencia cardíaca. Al aumentar la adrenalina y el cortisol en sangre, se inhibe la producción de leucocitos, que son las células responsables de hacer frente a los virus para frenar la enfermedad, disminuyendo las defensas del organismo. Por ese motivo, generar mayor estrés termina afectando a la salud, porque debilita nuestro sistema inmunitario y puede provocar el fracaso de nuestro organismo como sistema.

Otros factores que hay que tener en cuenta en esta pandemia que soportamos desde hace más de un año son las medidas de aislamiento necesarias para erradicar los contagios. Por nuestra cultura mediterránea somos muy sociables y estamos acostumbrados a vivir en el exterior. Al tener que recortar nuestra actividad social, este brusco frenazo ha disminuido los estímulos que fomentan las vías del placer en nuestro cerebro, ya que, al no poder convivir, abrazar, reír, disfrutar de todo lo que teníamos por costumbre hacer, se debilita la liberación espontánea de serotonina y dopamina, empobreciendo la sensación de alegría, buen humor, motivación, etc. que siempre nos aportan bienestar.

La pandemia es una ocasión para reflexionar: ¿nuestro mayor miedo es morir o más bien que todo esto pase en vano, sin aprender nada y sin cambiar nada, haciendo estéril tanto sufrimiento?, ¿hemos aprendido alguna lección que nos lleve a ser mejores?

Pasar un año atendiendo a pacientes afectados por COVID-19, y contagiarme en la cuarta ola, me ha permitido estar más cerca aún de la tragedia, reviviendo día tras día el dolor que deja la peor cara de la pandemia y conociendo con detalle toda su crudeza.

El sistema sanitario español cuenta con un reconocido prestigio internacional. Individualmente cada profesional ha dado el cien por cien de su capacidad, y a veces más, en un intento de ser el salvavidas de otros, asumiendo el riesgo que esto supone para ellos y sus familias. Hemos visto a compañeros que, sintiéndose desbordados, permanecían varios días en el hospital sin volver a sus domicilios para responder a las demandas patentes. Pero lo que se ha puesto a prueba con este virus desconocido y letal ha sido la capacidad de dar una respuesta como sistema. La saturación de los hospitales, la falta de protección elemental para los sanitarios y el desconocimiento de protocolos para neutralizar el virus, asistiendo impotentes a la muerte continua de pacientes, ha pasado factura minando la fuerza psicológica de casi todos ellos. Estamos preparados para curar y acompañar a morir, pero no de esta manera. En un estudio reciente de la Organización Médica Colegial (OMC) realizado entre 4.515 médicos, queda manifiesto que más del 60 por ciento sufre fatiga pandémica provocada por la excesiva carga de trabajo, teniendo en cuenta que uno de cada cuatro profesionales se ha contagiado por COVID-19. El 8 por ciento reconoce que le ha afectado profundamente vivir la muerte de algún compañero víctima de la pandemia. Ante la misma situación se pueden observar respuestas distintas: algunos sanitarios reaccionan desmotivándose y otros, ante el miedo, dan la vida.

Necesitaremos tiempo para aprender a vivir con todo lo que ha sucedido. La última palabra no la tiene el virus, sino la actitud que tengamos cada uno de nosotros para afrontar la adversidad. Lo expresa muy bien Viktor Frankl, así he recogido en otro capítulo del libro sus palabras: «Si no está en tus manos cambiar una situación que te produce dolor, siempre podrás escoger la actitud con la que afrontes ese sufrimiento».

Personalmente, considero que nos hemos descubierto vulnerables para combatir un pequeño virus que nos toma por asalto, pero, a la vez, hemos experimentado que unidos hemos sido capaces de hacer frente a un reto por encima de nuestras fuerzas. Hemos encontrado soluciones y compartido la experiencia privilegiada de combatir en primera línea ante la mayor adversidad conocida, lo que nos ha hecho más fuertes.

Los próximos desafíos serán superar la crisis económica y la fatiga pandémica apoyando la salud mental. Para todo ello, la resiliencia es una capacidad fundamental que debemos desarrollar como punto de partida para lograr la adaptación positiva y superar esta situación de especial dificultad.

Con la tragedia, creo que hemos aprendido otras cosas buenas que nos hacen más humanos, como valorar más a los que tenemos cerca, descubrir el sufrimiento de otros como algo propio, aprender a vivir con menos, cuidar de nuestros mayores porque si se enferman corremos el riesgo de no volver a verlos, aprender que la distancia no es aislamiento, sino protección, y dar importancia a las pequeñas cosas que no valorábamos: pasar tiempo de calidad con nuestra familia y amigos, y desear el valor de los abrazos.

En definitiva, un sinfín de cosas corrientes que algunos de mis pacientes me llevan haciendo ver durante años en la consulta cuando, después de sufrir un trauma o un grave accidente, encuentran un sentido nuevo a la vida descubriendo el valor de lo pequeño y, aunque parezca mentira, nos ayudan a percibir que otro mundo es posible, si queremos.

Todos podemos aprender a ser resilientes ante la adversidad, pero no es tarea fácil porque se necesitan conocimientos y entrenamiento, como en cualquier otra disciplina que, aún teniendo el potencial, no emerge de forma espontánea. Por ese motivo, quiero compartir en este capítulo testimonios de personas que nos acercan a la realidad de la pandemia y, que en vez de sucumbir, se han crecido ante ella. Con su visión, nos ayudan a encontrar el camino para levantarse y luchar a pesar de tanto sufrimiento. Desarrollar resiliencia aprendiendo a crecer ante la adversidad es hoy más necesario que nunca.

Doctor Antonio Zapatero

«La vida nos da tantas cosas… Merece la pena en sí misma.»

Entrevisto al doctor Antonio Zapatero, director del mayor hospital de campaña instalado en IFEMA para pacientes de COVID-19, y actualmente viceconsejero de Salud Pública en la Comunidad de Madrid y responsable del Plan COVID-19. El recinto ferial de 35.000 metros cuadrados albergó 1.300 camas, con una distancia de seguridad de tres metros entre ellas, y se atendió a más de 4.000 pacientes, registrando una mortalidad de solo el 0,5 por ciento. La OMS felicitó a la Comunidad Autónoma de Madrid por el trabajo realizado. La estrategia de este hospital lo ha convertido en uno de los referentes en la lucha contra el coronavirus, tanto en España como en Europa.

El doctor Zapatero es un líder VUCA capaz de navegar en la niebla de la incertidumbre y adelantarse al reto, sin miedo ante su gran responsabilidad. Es valiente, abnegado, un profesional de gran categoría humana y científica. Asumir esta experiencia le habrá marcado para toda la vida. Iniciamos la entrevista.

El heroísmo de los sanitarios ante la pandemia ha sido algo patente y muy reconocido por todos. En su opinión, ¿es un valor o una necesidad ante lo ocurrido?

En nuestro trabajo, la clase sanitaria, la clase médica, siempre está preparada para enfrentarse a lo que llegue. En esta pandemia del coronavirus, creo que los sistemas de contención no estaban muy bien preparados, y los profesionales sanitarios dieron un paso al frente dándolo todo y ofreciendo un ejemplo de arrojo y valor impresionantes. Sobre todo, en la primera fase fue absolutamente meritorio.

Con tanta responsabilidad sobre sus espaldas, ¿puede dormir? ¿Con qué sueña el doctor Zapatero desde que empezó esta pesadilla?

Puedo dormir. Lo que sueño es con que esto se acabe y que no haya más pacientes en las UCI ni fallecimientos ni sufrimiento por esta cuestión. El único sueño que tengo es que llegue un día y, en la rueda de prensa de los viernes, pueda dar la noticia: «Señores, les quiero comunicar que podemos decir que ya no hay coronavirus en la Comunidad de Madrid —por tanto, entiendo que también en el resto del país, sería la misma noticia— porque ya no hemos tenido casos en las últimas cuatro semanas». Esa es la noticia que me gustaría dar.

Quienes lleváis tanto tiempo sobreviviendo y sobreponiéndoos a tanta presión, ¿en qué os apoyáis?

No sé si nos apoyamos en algo en concreto, creo que te preparas para ello durante la carrera y, al hacer la especialidad en los años de residencia, te formas a base de unos valores que son los que te ayudan. En la sanidad, o en el ejercicio como médico, que es la profesión que más conozco, cuando atiendes a un ciudadano lo haces independientemente de la situación clínica, como consta en nuestro juramento hipocrático; es parte de nuestro trabajo. Para ser buen médico tienes que tener una cultura y predisposición de lo que supone, y a partir de ahí sabes a lo que te enfrentas.

Como responsable de sanidad frente a la COVID-19 en la Comunidad de Madrid, ¿de qué logro se siente más orgulloso?

Quiero insistir en el mensaje de que sentir orgullo en esta situación sería ser un poco prepotente, tengo que ser humilde porque en toda esta pandemia no he dado ninguna noticia buena. El hecho de que ahora mismo en Madrid estén muriendo todos los días en torno a veinte personas hace que no nos sintamos orgullosos de nada. Lo que hemos pretendido es poner en marcha una serie de medidas diagnósticas: Madrid ha sido pionera en test de antígenos, algo que ha sido muy bueno para el diagnóstico de la pandemia. Y también hemos tomado medidas que creo han sido importantes, como las zonas básicas de salud e intentar que haya cierta compatibilidad entre la vida socioeconómica y convivir con la pandemia, evitando que la repercusión en la población desde el punto de vista personal, emocional y económico haya sido mucho peor.

¿Ha cambiado algo en su forma de ver la vida?

Te das cuenta de que eres vulnerable, ya que pensabas que vivías en una sociedad en la que estos problemas no te podían afectar, que únicamente sucedía en países o continentes con un nivel de vida

mucho más bajo, y ves como tu entorno y tú mismo estáis potencialmente afectados de tener un problema de salud importante que
os puede cambiar la vida. Ese sentimiento de vulnerabilidad te hace
ser más humilde y te das cuenta de que en la vida hay que dar mucho más valor a lo que tienes y, a veces, en el día a día, no aprecias
lo suficiente.

Ante la COVID-19, que parece seguir teniendo bastante recorrido, percibimos una sensación de impotencia en la lucha sin
tregua contra un virus que es muy difícil de vencer. ¿Qué mensaje o consejo daría a la población general con toda su experiencia?

Al virus sí se le va a vencer. Seguro que le vamos a vencer y para
eso hace falta, por un lado, que en el momento actual y hasta que
no dispongamos de una vacunación masiva, la ciudadanía siga cumpliendo las normas que se van pautando desde la Consejería de
Sanidad; sigue siendo muy importante la responsabilidad personal
y civil. Entiendo que la población pueda estar cansada, pero hay que
hacer un esfuerzo en estos últimos meses, es una parte muy importante porque estamos viendo ya la luz. Por otro lado, de esta situación nos va a sacar la ciencia; el desarrollo de vacunas ha sido una
cuestión espectacular. No lo hubiésemos creído cuando empezaba
la pandemia en la Comunidad de Madrid, si nos dicen que un año
después tendríamos vacunados a un millón cincuenta mil madrile-
ños, con una vacuna efectiva. Te das cuenta de que, ante la tragedia,
la ciencia ha tenido una capacidad de respuesta impresionante.

Tras una pandemia tan dura, ¿cómo ve a la sociedad desde
el plano psicológico? Hay un crecimiento de problemas de estrés,
depresiones, aumento de los divorcios...

Hemos estado, y estamos, ante una situación nunca vista por
nuestras generaciones. Hay muchas personas que han fallecido a

causa del coronavirus, otras que se han infectado y han temido seriamente por su salud, muchas que viven con el temor de que se contagien sus mayores, sus seres queridos… Hay negocios cerrados, paro, malas expectativas económicas y mucho cansancio. Esto es lo que llamamos la «fatiga pandémica», que, efectivamente, está suponiendo un incremento notable en el número de depresiones. Hay desesperanza y urge combatirla porque, de hecho, es trascendental para salir adelante.

Nos ha ocurrido algo en la vida que ni por asomo podríamos pensar que nos pudiera pasar, y es necesario entender este fenómeno y sus consecuencias en nuestro estado de ánimo. Sin duda hay que reforzar ahora el papel de la psiquiatría y de la psicología, y prepararnos para ese cambio en la manera de relacionarnos con los demás. Algunos, incluso, para sobrellevar una cierta soledad en casa.

En este punto, lo primero que quiero recalcar es que la inmensa mayoría de la población se ha comportado de forma modélica a la hora de acatar las normas y las medidas de seguridad. Y lo cierto es que ha habido restricciones duras. Piensa, por ejemplo, en una ciudad como Madrid, con la marcha que tienen sus calles y lo acostumbrados que estábamos a vivirla a tope. De repente se impone un toque de queda, se limitan las reuniones al ámbito de los convivientes, solo hay silencio a partir de una hora… Es difícil de asimilar, sobre todo para los más jóvenes. Y, sin embargo, en general se ha entendido muy bien, se ha generado un sentimiento muy sano de pertenencia a una comunidad con un reto común a superar, y la irresponsabilidad se ha reducido a una minoría. Quiero recalcar esto, porque de hecho es lo que realmente hay que subrayar en esta crisis. La mayoría ha demostrado una gran madurez.

Todas las adversidades contienen una parte buena, pero en esta ocasión es difícil descubrirla entre tanto sufrimiento. ¿Hemos podido aprender algo de esta pandemia?

Sí, creo que se ha aprendido mucho. No solo los sanitarios, también la sociedad civil. En aquellas semanas durísimas de marzo de 2020, me acuerdo cuando ibas a los supermercados y los empleados eran los que hacían posible que pudiésemos seguir conviviendo. Igualmente, el personal que suministraba productos esenciales, el propio ejército… Hubo una predisposición de una grandísima parte de la sociedad que lo que quería fundamentalmente era ayudar al resto de los ciudadanos. Eso se ha aprendido y creo que esa situación de solidaridad y esfuerzo, de que teníamos algo en común, era muy importante. Hicimos cosas buenas y creo que la pandemia ha sacado lo mejor del ser humano.

En lo relativo a ese aprendizaje que comenta, ¿podemos decir que la crisis ha servido para recuperar ciertos valores humanos?

Por supuesto. En el ámbito médico, ha sido impresionante el valor de los sanitarios, así como su compromiso. Lo han dado todo por el bien de la sociedad. También hay que aplaudir a todos los sectores que han estado exponiéndose al contagio, como los taxistas o los servicios de limpieza, por citar algunos, y lo conmovedor que resulta comprobar cómo han dado lo mejor de sí. Cuando estábamos sumergidos en la construcción del hospital de IFEMA, contamos con trescientos fontaneros trabajando a destajo en el proyecto y ni uno presentó una sola factura para cobrar los servicios prestados. La policía, el ejército…, la misma sociedad civil, con su comportamiento responsable, con su apoyo, con sus aplausos y sus ánimos, ha demostrado un enorme sentido de comunidad comprometida con un proyecto común. Ciertamente, hemos asistido a unos momentos de gran dignificación del ser humano.

El amor. Esa palabra es la más importante para definir lo que nos mueve para tirar hacia delante en estos momentos, tanto a nivel individual como en su proyección en lo colectivo.

La familia, los amigos. Son la personalización del concepto anterior. El hombre es un animal social y solos no podemos afrontar nada. El apoyo de los seres queridos es lo más importante.

La muerte. La muerte siempre está ahí. Esa es una realidad y los médicos convivimos con ella de forma natural. Nuestra sociedad tiene que admitir que forma parte de la misma vida, y los médicos tenemos que trabajar para evitar las muertes que sean evitables, pero sabiendo que a todos nos va a llegar.

La vida. La vida nos da tantas cosas... Merece la pena en sí misma. La vocación médica tiene mucho que ver con dignificarla y con procurar que se disfrute con la mayor calidad posible.

Teniendo en cuenta la resiliencia, como la capacidad de afrontar situaciones difíciles y sacar del interior el coraje para no tener miedo, ¿qué aconsejaría a los sanitarios?

El ejemplo de resiliencia que se hizo en Madrid, donde me tocó una parte importante organizativa, fue IFEMA. Aquello que se hizo vale como ejemplo para los sanitarios y ante cualquier situación de la vida. Allí nos juntamos en una circunstancia tremendamente dura y difícil, todos asustados. Llegamos un grupo de personas, unos nos conocíamos y otros no, estábamos con mascarillas por razones obvias, y mirándonos a los ojos pensábamos que podíamos hacer algo más dentro de aquella situación trágica que sufríamos en Madrid. Conseguimos transformar un simple espacio, que eran tres pabellones industriales donde se realizan ferias, en un hospital por donde pasaron casi cuatro mil pacientes. Creo que cada uno puso lo mejor de sí mismo, se hizo un servicio muy importante a la sociedad. El ejemplo de IFEMA es un ejemplo de resiliencia: no me conformo con lo que está pasando, sino que voy a pelear por superar la crisis. Creo que es el ejemplo más definitivo.

Para terminar, algo que quisiera añadir...

Esperemos que, en todo esto que ha pasado, nos hayamos dado cuenta de que en la tragedia surgen siempre circunstancias muy buenas, y que aprendamos para que en el futuro no se repita, y si se repite, que estemos mejor preparados para afrontarlo.

Almudena Santano Magariño

«Lo más duro fue no dejar que mi familia me abrazara.»

Enfermera y antropóloga, desde 2002 lidera equipos de enfermería como supervisora, jefe de área y puestos directivos en el marco de la gestión sanitaria. También desarrolla su actividad profesional como docente, en materia de cuidados críticos y urgentes, en varios organismos y universidades (Universidad Complutense de Madrid, Universidad Alfonso X el Sabio, Universidad de Santiago de Compostela, Escuela Internacional de Ciencias de la Salud, Hospital Gregorio Marañón, Hospital Puerta de Hierro, Majadahonda). Antes de la pandemia, le correspondió intervenir en otros episodios traumáticos, como los atentados del 11-M en Madrid.

Desde su posición como directora de enfermería del Hospital Puerta de Hierro (Majadahonda, Madrid), Almudena ha seguido en primera línea los sobresaltos y dificultades que comenzaron en marzo de 2020. Le pido que haga memoria para describir lo vivido desde que la COVID-19 irrumpió en nuestra vida y que ella, con frecuencia, describe como un tsunami.

¿Cómo describirías la situación que habéis vivido en el hospital desde que comenzó la pandemia?

Retrospectivamente, si pienso en todo lo ocurrido, veo una película con muchas emociones. De pronto el mundo giraba sobre el eje de algo desconocido que lo puso todo patas arriba. El hospital de repente se llenó de miedo, dolor, soledad, tristeza, rabia, frustración y silencio. Y eso es lo que hemos vivido. Pero el mayor impacto desde el primer momento fue perder, de una manera tan agresiva como rotunda, esa cercanía, esa humanidad con los pacientes que es tan propia de mí y de nuestra profesión.

Quizá elegí un trabajo que lo lleva implícito. A mí me enseñaron que los cuidados enfermeros proporcionan a la persona enferma lo que ella no puede hacer o darse por sí misma, somos suplementarios. Así que ese distanciamiento forzoso de los pacientes ha sido probablemente de lo más duro que hemos tenido que afrontar.

Con todo, de esos momentos de pesadilla, lo que más me gusta recordar son los créditos finales de la película. Esa larga lista de compañeros y profesionales que se esforzaron, tanto de forma individual como en acciones conjuntas, dando el mil por cien para sacar adelante cada jornada, en medio de tanta confusión e incertidumbre.

También fueron días en los que la motivación, la pasión y las ganas de ver resultados favorables se sobreponían a otros condicionantes. Iniciativas tan sencillas como coger la mano de un paciente o sonreírle a través de la pantalla de protección se volvían fundamentales para ellos y para nosotros.

Todo esto es lo que forma parte del corazón que bombea el impulso de nuestro hospital. Porque un hospital no son las paredes que lo limitan, sino sus grandes profesionales. Gracias a este recuerdo puedo sentir que las heridas que ha ido dejando esta pandemia en mi alma podrán ir cicatrizando, poco a poco.

En referencia a los medios con los que contábamos, en apenas 20 días el hospital tuvo que doblar su capacidad asistencial para dar respuesta a la urgencia y a lo que necesitaban los pacientes. En cuestión de horas había que reconvertir unidades para atención específica a pacientes de COVID-19. Nos vimos envueltos en una actividad frenética de la que posiblemente no fuimos conscientes hasta que paramos, mes y medio después de que nos alcanzara aquel tsunami.

Antes comentabas que todo se puso patas arriba de la noche a la mañana. ¿Cómo pudisteis afrontarlo?

Todo era un reto. Había que adaptarse al número creciente de pacientes, al cambio de nuestros protocolos de trabajo, a los equipos de protección y a la incertidumbre. También había que dedicar mucho tiempo a aprender nuevos protocolos, instrucciones, normativas, recomendaciones y un largo etcétera. Todo ha sido como estudiar un máster urgente y concentrado.

Partiendo de que la situación era límite, ¿qué has aprendido como responsable del equipo de enfermería?

Todo lo que ha pasado ha puesto sobre la mesa lo mejor y, por qué no decirlo también, lo peor de cada uno de nosotros como sanitarios. En ese tiempo vi actitudes que nunca me hubiera esperado de ese «coraje sanitario» del que tanto se ha hablado y que, en algún momento, hicieron que se tambaleara mi confianza en la raza humana. Esos momentos añadían algo más de tristeza a mi mochila personal. Pero cuando tomo perspectiva y le doy una pensada, levanto la cabeza, doy un paso y respiro con alivio porque sé que la auténtica esencia de nuestro colectivo se basa en elementos más consistentes, no en reacciones puntuales. Y así vuelvo a sentirme «yo» otra vez.

Para no perder esa perspectiva creo que es importante ponerse «las gafas del otro». Hay que entender que no todos respondemos de la misma forma a la irracionalidad del momento o cuando el miedo colectivo es una seria amenaza. El bombardeo continuo de información, además, puede llegar a impedir pensar o discernir y, por tanto, no adoptar la actitud que en ese momento debemos tener con los pacientes o los compañeros.

En el plano personal, ¿qué ha supuesto para ti y cómo has vivido la pandemia?

Cuando llegaba a casa, tenía que pararme en la puerta y recomponerme para evitar generar más ansiedad a los míos, no les dejaba abrazarme (eso fue lo más duro) y corría a la ducha. Ese autoconfinamiento, ese autoaislamiento que yo mentalmente necesitaba porque así protegía a mi familia, ha hecho que aprecie mucho lo que tengo, mi familia, mi vida, los abrazos y los besos. Y soy afortunada por tener todavía a los míos conmigo, junto con la gran suerte de tener a mi lado compañeros excepcionales, que, en el momento más álgido, lo han dado todo y más, con generosidad, compasión, valentía y coraje.

¿Hay para ti un antes y un después de la COVID-19, o con tu experiencia en el 11-M y otras catástrofes ese punto de inflexión ya lo habías vivido?

Quizá esta situación no me ha cambiado en demasía. Es cierto que he vivido otras situaciones de gran calado emocional y profesional, como el 11-M, que sin duda han moldeado mi forma de ser y de actuar. Esa necesidad de ser coherente que intento mantener continuamente, con decencia, seriedad moral, sinceridad y principios firmes, está presente en todos los momentos, tanto en mi vida personal como laboral.

El enfrentarme al terror del 11-M me hizo recolocar muchas cosas en mi cabeza, quitar lo superfluo para poner en valor lo importante y ser muy consciente de que el grupo y la sociedad tenemos que afrontar las cosas como raza humana. Si no, es bastante complicado conseguir buenos resultados.

¿Has tenido miedo a contagiarte o contagiar, a quedarte sin fuerzas, a morir?

Tuve miedo aquel 11-M y ahora también he tenido miedo, sí. Miedo de contagiar a mi familia y miedo cuando finalmente yo me contagié. Esa dificultad de respirar que te provoca la infección es una losa en el pecho, literalmente.

Pero hay algo en mí que me impulsa a superar, afrontar o acometer las empresas con voluntad firme y coherencia en mis acciones. Las dificultades a las que te enfrentas en la vida suponen pruebas que debes superar. Y cada una de ellas te puede hacer mejor persona. Así que afronté la COVID-19 de la misma forma que emprendo o acometo todas las facetas de mi vida. Analizo la situación, desecho lo superfluo, acometo lo importante, lo ejecuto y, si algo no ha funcionado, lo cambio.

¿Cómo afrontas el futuro y qué consejos darías a las personas según tu experiencia?

Jane Goodall, en 1934, afirmaba que «la tecnología por sí sola no basta. También tenemos que poner el corazón»; ahora toca no olvidar lo vivido, aceptar las reglas del juego. Es el momento de que la transformación digital sea una realidad, conectémonos para una mejor salud y calidad de vida. Es importante destacar que todos somos relevantes en el cambio y que podemos mantenernos cerca a pesar de la distancia obligada. Es el momento de reflexionar, de ver hasta dónde vamos a llegar, porque nos ha tocado vivir este momento, porque no podemos olvidar lo pasado, porque nos toca cambiar el futuro y poner corazón, coherencia, adaptación y acción. Y como decía Arendt, «vamos a ponerle ganas y aprovechar la oportunidad».

Javier Aranguren

«Perdí el miedo a la muerte y asumí el riesgo de la vida.»

Doctor en Filosofía por la Universidad de Navarra, con premio extraordinario de carrera. Como profesor universitario ha publicado numerosos libros y ha centrado su estudio en problemas antropológicos y éticos.

Por las medidas de protección ante la pandemia y su situación personal al ser aún convaleciente de COVID-19, entrevisto a Javier por teléfono. Su voz es firme, se está incorporando a impartir sus clases de forma *online* en la universidad pero me transmite que se siente muy cansado al terminar.

Empieza relatando algunos hechos de su vida que han marcado su trayectoria especialmente. En el 2015 se marchó a vivir a Nairobi (Kenia) durante casi dos años, invitado a trabajar como profesor de Filosofía en Strathmore University. Allí descubrió la realidad de los niños mendigos, que viven solos, vagando por las calles, olvidados del mundo y sin familia, que se acercaban a pedirle dinero o comida. Esto le llevó a fundar Karibu Sana (www.proyectokaribusana.org), bajo el lema: «Todo niño se merece la oportunidad de aprender», una iniciativa para rehabilitar a chicos y chicas sin recursos a través de la escolarización y reinserción en la sociedad. «Solo en Nairobi hay 60.000 niños viviendo solos. Hoy desde la Fundación atendemos a más de 600 niños.»

En diciembre de 2019, a los cincuenta años y de forma inesperada, le diagnosticaron cáncer de colon. En la consulta, ante la mala noticia, su reacción natural, con afán de desdramatizar y plantar cara a la vida, fue responder: «Parece que empieza una época emocionante en mi vida». A lo que el médico puso cara seria pensando que no se estaba enterando, y le dijo: «Señor, ¡lo que le estoy diciendo es que puede tener un cáncer!», como, finalmente, resultó.

Empezó su tratamiento de quimioterapia y en el mes de marzo, cuando las defensas estaban más bajas, en el sexto ciclo, le atacó la COVID-19 con total virulencia. Recuerda que estaba en un momento de especial debilidad. Empezó con una fiebre recurrente que no remitía y tuvo que ser hospitalizado. Se mantuvo en una situación muy crítica, desahuciado pasó 36 días en la UCI, y a punto estuvo de ser enviado a la Unidad de Cuidados Paliativos porque los médicos pensaban que ya no se podía hacer nada más. En esas circunstancias, el equipo de la Clínica Universidad de Navarra (CUN) se decidió por una última opción: ponerse en contacto con otros colegas italianos y chinos, que iban por delante en la pandemia, para investigar qué tratamiento podría ayudarle a vencer el coronavirus. «Y eso es lo que me ha permitido sobrevivir y poder contarlo: que no era mi momento y el afán de los médicos por sacarme adelante. Lograron que siguiera con vida y anima el pensar que, aunque el camino sea duro, no hay que perder nunca la esperanza.

»Cuando me fui despertando del coma inducido no recordaba nada, ni sabía que estaba en el hospital. No entendía la situación que vivía ni donde estaba, ni que me rodearan todo el día unas personas con aspecto de astronauta. Ingresé el 12 de marzo porque me encontraba mal y el día de mi cumpleaños, el 8 de abril, empecé a ser consciente de lo que pasaba. Me dieron el alta el 24 de ese mismo mes.»

Durante este proceso perdió 20 kilos y en dos ocasiones le dieron por muerto. «En un momento, me encontré solo en el famoso túnel. Al terminar, me situé en un pueblo nevado, como si estuviera en el interior de Suiza. No hacía frío y se oía cantar a los niños. Tenía una sensación de plenitud y de serenidad total.

»Cuando salí del hospital, no quería que el paso del tiempo borrara aquella experiencia. Quise escribirlo porque es algo que llevo en la esencia de mi persona, y salió del tirón un relato de todo lo vivido. Le llamé *Mi nadir* porque los oncólogos me habían explicado que llaman "nadir" al momento más bajo del proceso terapéutico, cuando estás sin defensas. También en astronomía se utiliza el término nadir como el punto opuesto al cenit en la esfera celeste.»

Le pregunto si, después de los meses que han pasado, tiene la sensación de ser un superviviente. Su respuesta es:

En mi caso, la sensación que me queda es, por un lado, de agradecimiento por estar vivo y, por otro lado, la oportunidad de vivir una vida mejor, ser menos quejica, menos dramático, porque la vida es estupenda. Una percepción que tuve al sobrevivir a esta experiencia fue que no hay que darle tanto dramatismo a la vida y que no es bueno vivir tan centrado en uno mismo. Y con este convencimiento he tomado tres decisiones: recuperar el tiempo perdido, no ser protagonista y aprender a querer bien a la gente.

Me llama la atención que ante el trauma se reafirma en su toma de decisiones, por lo que le pregunto si hay un antes y un después de la COVID-19, y en qué ha cambiado su vida. Responde inmediatamente:

Mi vida ya cambió hace tiempo en Kenia, esto tiene que ver mucho con la resiliencia. Al ver tanta necesidad y drama humano, empecé a quejarme menos y desdramatizar mis propios miedos, el miedo al fracaso. Ahora esa vivencia ha ido a más. No he cambiado sustancialmente, pero he vencido el miedo, ahora me tomo las cosas con más calma. Las clases que antes me preocupaban y generaban tensión porque soy muy perfeccionista, ahora no; he perdido el miedo a defraudar, he aceptado mi vulnerabilidad, y eso es muy liberador.

Javier, desde tu experiencia como paciente de COVID-19, ¿qué mensaje darías a los que no lo han pasado?

Lo primero es que intenten no pasarlo. Protección y prevención son las claves, porque esta enfermedad puede ser muy grave, como ha sido en mi caso. Después, si el virus les alcanza, que tengan serenidad, es un hecho que somos mortales y el coronavirus nos lo ha recordado. Somos vulnerables y podemos contagiarnos, pero es peor vivir con miedo que morir. Mi experiencia cercana a la muerte no ha sido algo traumático. Si tengo que decir una palabra que lo defina, ha sido «serenidad». Pienso que sufren más los que te acompañan, los que están junto al enfermo y van a perder a esa persona.

¿Has tenido miedo a morir?

No. No he sufrido la angustia de la muerte. Yo he tenido más miedo a la vida, al fracaso. Pienso que lo complicado es vivir. La vida es un aprendizaje y no tenemos instrucciones de uso, como dice la novela de Georges Perec.

La situación obliga por los protocolos COVID-19 a estar solo, sin acompañamiento, y esto hace sufrir mucho a las familias. ¿Cómo se vive la soledad de la hospitalización?

Puedo hablar de mi experiencia. No me he sentido solo en ningún momento. Ingresé el 12 de marzo y no recuerdo nada del hospital hasta despertarme el 8 de abril, el día de mi cumpleaños. Si tengo que hablar de algún sufrimiento ha sido por las alucinaciones, que te sumergen en un mundo extraño, propio de una pesadilla, pero esto tiene que ver con las medicinas que te dan en la UCI.

Es frecuente el delirio en los cuidados intensivos debido a la analgesia y sedación necesarias, con benzodiacepinas, opiáceos y otros fármacos en los pacientes que están sometidos a intubación, respiradores o catéteres intravasculares para administrar medicamentos. A veces deben estar inmovilizados para evitar que accidentalmente se desconecten, y durante la pandemia, los equipos de protección también han facilitado los delirios.

Pienso que se me hizo más breve el confinamiento a mí que a mi familia. Mi propia situación de consciencia relativa era tan limitada que no me sentí nunca solo. Estuve cuarenta y cinco días sin ver a nadie cercano, ni familia ni amigos, pero tuve en todo momento la compañía del personal sanitario, sobre todo las enfermeras y algunos médicos. Me atendieron tan bien y con tanto afecto que no necesitaba más. Después, cuando me pude comunicar, funcionaron muy bien las videollamadas de WhatsApp, que son una aportación tecnológica maravillosa.

José Luis Olaizola

«Afronto la recta final del camino con la ilusión de reencontrarme con Marisa.»

Escritor de fama internacional, ha publicado más de 80 novelas y algunas de ellas premiadas, como *La guerra del general Escobar*, distinguida con el Premio Planeta.

Su último libro, *Diario de una nonagenaria*, es una reconstrucción de la vida de su mujer, Marisa, con la que compartió casi setenta años de matrimonio. Ella tenía veintiún años cuando se casaron aquel 6 de diciembre de 1951. Tristemente falleció el pasado 22 de marzo por la COVID-19.

Cuando le llamo por teléfono para entrevistarle, me sorprende con una voz joven a sus noventa y cuatro años y alegre a pesar de todo el sufrimiento acumulado en los últimos meses. Le planteo que me gustaría hacerle una entrevista sobre la marcha, acepta y me dice que lo hará encantado. En ese momento se disponía a salir a la calle pero vuelve a su casa para responder a mis preguntas.

No se imagina José Luis la emoción que me hizo sentir su cercanía y disponibilidad al dejarlo todo para ayudar con mi entrevista a quienes están pasando por su misma situación. Me transmite que tiene las vivencias de su mujer Marisa muy frescas y que está preparando, para el próximo 22 de marzo, el aniversario de su partida. Le acompañará una familia muy numerosa porque tuvieron nueve hijos, y ha ido creciendo hasta contar con veintiún nietos y cinco biznietos.

Su vida está llena de triunfos literarios, pero lo que destaca como más importante es haber conocido a su mujer, «que me cambió la vida de raíz y todo lo que soy se lo debo a ella».

Percibo desde el primer momento que José Luis es un campeón de resiliencia. Tiene claro que está en la recta final del camino y no tiene miedo. Afronta esta etapa con la ilusión de reencontrarse con su mujer.

Como psiquiatra he visto con preocupación que muchas personas que no han podido acompañar y despedirse en esta pandemia de sus seres queridos siguen sin poder aceptar y digerir la amargura del dolor. Le pregunto a José Luis:

¿Cómo ha enfocado usted el fallecimiento de su mujer para darle sentido?

El día que falleció Marisa, comunicaron la noticia de madrugada a una de mis hijas que estaba viviendo conmigo, y no me quisieron despertar. Duermo muy regular, dada mi avanzada edad, pero esa noche fue la que mejor dormí y tuve un despertar muy dulce, agradable. Cuando me levanté y vi a toda mi familia reunida, me temí el drama y rompí en sollozos. La pobre Marisa había muerto sola. Pero luego reflexioné: mientras Marisa se iba camino del cielo, me mandó un mensaje de amor en forma de un sueño apacible del que no había disfrutado nunca.

El dolor, que aún me dura, nunca fue insoportable porque desde el primer momento tuve el convencimiento de que Marisa estaba en el cielo esperándome. Es lógico pensar así: llevo más de sesenta años rezando por disfrutar de la vida eterna, y Marisa rezaba conmigo, y cuando llega el momento de disfrutar de ese sueño ¿vas a dudar? A Dios gracias yo no dudo.

Nunca evito el pensamiento de Marisa. Tengo dos libros en los que aparece en portada, preciosa como era ella, y procuro tenerlos siempre a la vista.

Todas las mañanas rezo una novena a san Josemaría pidiéndole tres cosas: que Marisa esté en el cielo, que evite cualquier mal recuerdo de ella, y que me lleve pronto con ella al cielo.

El segundo punto tiene su sentido: como me paso el día pensando en ella, es natural que en tantos años me vengan a la mente alguna riña o desavenencia que tuvimos, entonces procuro rechazar esos momentos. Solo quiero acordarme de lo bueno de ella, que fue mucho más que lo malo.

¿Cómo ha hecho para transmitir esa fuerza a sus hijos y nietos?

He transmitido esa fuerza a mis hijos de un modo natural. Nunca rehuimos hablar de «mamá» o de la «abuela». Con gran naturalidad se comentan las cosas de mamá, lo que le gustaba o disgustaba. Si hacemos algo mal, decimos: «Eso no le hubiera gustado a mamá». Tenemos una misa cantada en la que participó ella, y nos encanta visionarla, para verla guapa y joven como era entonces. Hablamos de ella como si siguiera entre nosotros, y lo hacemos con una sonrisa, dolorosa, pero sonrisa.

¿Cómo ha vivido la pandemia y cómo están ahora?

Como se puede imaginar, al principio con mucho dolor puesto que se llevó a mi querida esposa Marisa.

A continuación, se produjo un movimiento de solidaridad de

todo el colectivo familiar hacia mi persona. Habían perdido a la madre y abuela y no querían perder al padre y abuelo. Comenzaron a cuidarme excepcionalmente y su única obsesión era que me vacunase. Cuando por fin lo han conseguido —ya estoy vacunado— se han quedado más tranquilos. A pesar de todo me dicen con frecuencia: «¡Papá, por favor, no te mueras!». Como si dependiera de mí el vivir o morir.

¿Qué consejos daría en estas circunstancias para superar la pérdida de un ser querido a aquellas personas que no tienen la suerte de tener fe?

Vivir una desgracia es difícil para todos, pero para los que no tienen fe, mi consejo es: el que no tengáis fe no os dispensa de ser buenas personas. Si os falta un ser querido, ayudad a los demás que siguen vivos. Esa solidaridad natural os acercará al ser supremo.

¿Qué sentido tiene la vida y la muerte para usted?

Para mí, a Dios gracias, la muerte es la verdadera vida. Por ejemplo, nunca decimos «Mamá ha muerto», sino «Mamá se ha ido al cielo».

Y, como es lógico, yo estoy deseando volver a encontrarme con ella.

Quiero terminar transcribiendo la carta que José Luis escribe a su mujer a los pocos días de fallecer:

CAMINO DEL CIELO

Con lágrimas en los ojos os cuento que mi mujer, Marisa, se fue al cielo el pasado 22 de marzo. Y ¿por qué está usted tan seguro de que se fue al cielo? Porque era muy pesada y gracias a su pesadez he hecho un montón de cosas buenas. Es más, pienso que todo lo bueno que he hecho en esta vida ha sido gracias a ella. No en vano era mi asesora literaria. Pero su pesadez se extendía a sus nueve hijos y, bien pensado, a cualquier persona que se cruzara en su camino. De todos procuraba sacar lo mejor que hubiera en ellos. Para conseguirlo tenía a su favor que siempre tuvo muy buena presencia, de joven fue una belleza y con los años no perdió un ápice de su encanto. A su buen natural unía una gran facilidad de palabra de suerte que decía las cosas bien, sin resultar ser pesada. El único que se atrevía a llamarle «pesada» era yo, pero no le importaba porque desde el primer momento me colocó en mi lugar. Me solía decir: «No sé cómo me enamoré de ti porque cuando te conocí eras una birria», lo cual era falso porque era un atleta que acababa de ganar el Campeonato de España, de ochocientos metros en pista. Pero siempre le agradecí que estuviera enamorada de un birria como yo. Porque vivía solo para mí, a tan extremo que hay gente que pensaba que mis libros los escribía ella. Me quería tanto que aceptaba todas mis locuras, como la de dejar de ser abogado para convertirme en ejecutivo y, sobre todo, para hacerme escritor. Menos mal que no me salió mal. Mi principal locura, o disparate, fue la de ser un vago redomado hasta los veinte años, que fue cuando nos conocimos, para convertirme en un hombre de provecho.

¿Cómo no va a estar en el cielo alguien que ha sido capaz de aguantar semejante inutilidad? Por cierto, otra de mis inutilidades era, o es, mi profundo despiste, al extremo de que me pierdo con gran facilidad, al punto de que Marisa me solía decir que era preciso que ella se muriera antes que yo, para enseñarme el camino del cielo porque si no era capaz de perderme. O sea que me está esperando para prestarme el último y definitivo servicio: llevarme de la mano al cielo.

Mis días de COVID-19

Después de un largo año viviendo este panorama, con picos altos y bajos, llegó la avisada cuarta ola de la pandemia y nos preparamos para afrontarla de nuevo a pesar del cansancio y la fatiga acumulados. Acostumbrados a esta brega, no eres tan consciente de que ese virus letal sigue estando presente, y de repente empiezas a sentirte mal y no sabes de dónde pudo venir el contagio. Cuando empiezan los primeros síntomas, se produce algo extraño en tu organismo, presientes algo desconocido y sabes que es el virus. Te sientes vulnerable entre la incertidumbre y la impotencia de saber que ya no puedes detener el proceso. En mi caso, pasé de tener fiebre a una hipotermia de 34 °C que te hace sentir un escalofrío extraño que presagia la muerte. Empiezas a pensar en lo que tienes que hacer, no tanto para luchar contra el virus sino para dejarlo todo organizado cuando llegue el momento. Se suma el miedo a contagiar a los que quieres y tienes más cercanos, por lo que conscientemente te aíslas y esto añade mayor sufrimiento. En los primeros días no tenía ganas ni fuerzas para hacer nada, ni siquiera para contestar mensajes ni llamadas de teléfono, por lo que me hizo sentir más aún el aislamiento. En estos casos, lo importante es no permitir que ese aislamiento se convierta en soledad, ya que casi siempre te lleva a la tristeza.

Tras una semana salí a la calle; cuando me recogió la ambulancia para ir al hospital fui consciente de que la vida continuaba y me gustó ver el ajetreo de Madrid. Después de hacerme placa y analíticas, volví a casa más tranquila y escribí un mensaje en LinkedIn con lo que estaba pasando por mi mente:

> He caído con COVID-19. Esta mañana he acudido a urgencias
> y la vida me ha devuelto una de las alegrías que te hacen sonreír en
> estos momentos de sombra. Hace dos días me bajó la fiebre y aho-

ra mi temperatura no sube de 34 °C, por lo que hoy decido acudir a revisión del tratamiento que estoy siguiendo en casa desde que di positiva y me quedé confinada.

Cuando eres médico y te toca estar al otro lado te fijas en cada movimiento que observas en la urgencia. Desde cómo te sientes cuando llega a tu casa la ambulancia hasta si te sonríe el camillero al preguntarte si puedes caminar o prefieres usar la silla de ruedas. Detrás de la mascarilla se observa un mundo de microgestos que te acerca o aleja de cada persona en la distancia. Al llegar, observas los movimientos rápidos, cada uno a lo suyo sin estorbarse ni distraerse de lo que llevan entre manos. Es un trabajo que siempre me ha gustado y recuerdo con gusto. En medio de estos pensamientos se acerca al box una médico y me dice quién es, la reconozco y me infunde confianza estar en buenas manos. Todo lo que siembras trae retorno. Cuidar de los que cuidan y reforzar su salud mental es prioritario.

Al poco tiempo lo habían leído tres mil personas, me reconfortaron sus reacciones, sus comentarios de apoyo…, y no solo de amigos, sino de gente desconocida que te trasmite sus ánimos. Comprobé en primera persona que compartir tiene efectos terapéuticos.

Por suerte, en mi caso, he contado con el apoyo de colegas médicos que se han ocupado de decirme lo que podía hacer, dándome pautas de protección para transitar este túnel hasta que salí. Y también, después de tratar a tantos pacientes de COVID-19, he podido aprender de ellos lecciones que me han servido en mi recuperación. Quizá, en este punto, lo más interesante de cara al desarrollo de la resiliencia es señalar lo que me aportó esta nueva experiencia, que sin duda considero me ha hecho más agradecida y humana. Los pasos que empecé a seguir en cuanto pude ser consciente fueron «Las tres Aes de la Resiliencia», el programa que aplico a mis pacientes cuando tienen que aprender a levantarse y luchar. En primer lugar, aceptar la realidad de que podía contagiarme y pasó. En segundo lugar, era necesario adaptarse a la nueva situación. Me sirvió como punto de apoyo lo que aprendí de uno de los entrevistados en el libro, el doctor Villela, cuando me comentó la actitud de Tomás Moro en la Torre de Londres: «Nada podrá pasarme que Dios no lo permita para mi bien, aunque no lo entendamos», y esto me aportó confianza y me dio fuerza para no sentirme víctima y ser protagonista. A partir de ahí cambió mi actitud en la lucha contra el virus, me pude adaptar a la nueva situación y decidí compartirla con mis amigos para salir adelante. Ya que tan importantes son «las tres aes» que tiene que poner en práctica la persona que sufre como la fuerza que le da el apoyo del entorno: familia, amigos y profesionales. Dentro de este apoyo, la «A» definitiva es el amor que uno da y recibe, el que obra el milagro y vence al miedo, transformando en felicidad el sufrimiento.

El siguiente paso decisivo fue mantener una reunión en directo sobre resiliencia con el doctor Villela desde México. Ese encuentro, programado semanas antes, se me olvidó cancelarlo, y mi sorpresa fue que reclamaban mi presencia en el acto. En ese momento, al no encontrarme con fuerzas, pensé anularlo, pero me crecí, ya que iba a hablar de resiliencia, para demostrarme a mí misma que era capaz, y pensé: «Voy a poder», y lo hice. Comencé con la duda y me fui creciendo hasta que terminé mucho más fuerte de lo que había empezado.

Una vez más he comprobado que el miedo es un factor debilitador y que la resiliencia es el antídoto que tenemos para combatirlo y ver en esta situación dramática una oportunidad de crecimiento personal y familiar, aun en medio de tanto dolor y pérdida económica. Todos contamos con ese potencial pero hay que saber sacarlo de nuestro interior y fortalecerlo con entrenamiento.

De todo se sale adelante y de este drama también. La gran esperanza sobre la salud física está puesta en las vacunas, pero la sociedad no puede reconstruirse sin tener en cuenta la salud mental de sus ciudadanos, ya que este es el principal recurso para reactivar la economía y una vida saludable. Por ese motivo el Instituto Español de Resiliencia apuesta por poner en marcha programas de resiliencia en cualquier ámbito: empresarial, familiar, docente, deportivo, etc., ya que el ser humano tiene la necesidad de ser feliz y siempre buscará el camino para renacer a pesar de los golpes y dificultades. Le basta encontrar el pequeño resquicio de una grieta para ver la luz y vislumbrar el futuro de una nueva realidad.

Anexos

Escala de Resiliencia del IER

La resiliencia es una capacidad de la personalidad que modera la reacción negativa frente al estrés y fomenta la adaptación a la adversidad saliendo fortalecido. Desde la neurociencia se considera que las personas resilientes tienen mayor equilibrio emocional frente a situaciones de estrés, soportando mejor la presión. Permite una sensación de control sobre los acontecimientos adversos y modera el efecto negativo del estrés, fomentando la adaptación para evitar que las situaciones amenazantes deterioren el funcionamiento biopsicosocial.

Esta escala evalúa, en diez dimensiones, tanto la capacidad de resiliencia como la vulnerabilidad para afrontar la adversidad.

Puedes medir tu nivel de resiliencia en la página web del IER a través del siguiente enlace <https://resiliencia-ier.es/mide-nivel-resiliencia/> o realizando la escala a continuación.

Anote **Verdadero** o **Falso** en cada una de las frases siguientes, haciendo una valoración honesta personal, evitando confundir la realidad con lo que le gustaría ser:

	V	F
1. Habitualmente soy optimista. Considero que las dificultades son retos temporales, espero superarlas y creo que las cosas saldrán bien.	☐	☐

206 | LEVANTARSE Y LUCHAR

2. En un momento de crisis o situación caótica, me tranquilizo y me centro en las acciones útiles que puedo emprender.

□ □

3. Me siento seguro en el entorno en que vivo y trabajo.

□ □

4. Soy capaz de dar mi opinión aunque esta no coincida con la de las personas de las que dependo.

□ □

5. Puedo delegar con confianza en otros sin sentir la necesidad de seguir controlando y comprobar si lo que hacen es lo correcto.

□ □

6. Me inquieta el futuro y recuerdo más lo negativo que lo positivo.

□ □

7. Habitualmente me siento contento cuando me esfuerzo por lograr mis objetivos aunque tenga que superar obstáculos.

□ □

8. En mi trabajo puedo tolerar niveles elevados de incertidumbre y ambigüedad sin bloquear mi rendimiento.

□ □

9. Me adapto rápidamente a las novedades sorteando los reveses y las dificultades sin que me suponga malestar psicológico.

□ □

10. Tengo la costumbre de aprender de mis aciertos y de mis errores sabiendo que no siempre, ni todo, tiene que salirme bien.

□ □

11. Soy una persona con buen autoconcepto y segura de mí misma.

□ □

12. Pienso que, en general, tengo una vida satisfactoria y me siento feliz. ☐ ☐

13. Soy responsable y tengo voluntad para llevar hasta el final los proyectos superando las dificultades o el poco reconocimiento. ☐ ☐

14. Puedo decir con datos que soy un modelo positivo para otros. ☐ ☐

15. Puedo cambiar de opinión cuando lo veo razonable y no pienso que actuar así vulnera mi reputación. ☐ ☐

16. Cuando siento soledad o incomprensión, puedo racionalizar ese sentimiento para que no me afecte en la conducta. ☐ ☐

17. Pienso que mi familia siempre me apoya. ☐ ☐

18. Soy capaz de recuperarme emocionalmente del fracaso y de las adversidades en un corto plazo de tiempo. ☐ ☐

19. Soy capaz de sonreír aunque tenga el alma dolorida. ☐ ☐

20. Soy creativo y me gusta intentar nuevas maneras de hacer las cosas. ☐ ☐

21. Con frecuencia me siento inquieto, impaciente y tenso, con dificultad para poder descansar y disfrutar pensando en el trabajo pendiente. ☐ ☐

22. Procuro resolver los problemas pensando soluciones creativas y prácticas sin esperar que el tiempo arregle los conflictos.

23. Soy eficiente y organizado resolviendo situaciones, por lo que a veces me piden que gestione proyectos.

24. Los cambios me incomodan y estresan hasta que compruebo resultados positivos.

25. A menudo me dejo influir por el ambiente y las personas que me rodean, dejando de lado mis propios deseos.

26. Me gusta tener libertad para desarrollar mis tareas y decidir cómo llevarlas a cabo en cada situación.

27. Cuando me enfrento a una situación incómoda, que puede parecer ridícula, soy capaz de utilizar el humor y reírme de mí mismo.

28. Tengo seguridad para tomar decisiones y contagio seguridad a los demás.

29. Siento que no tengo personas de confianza a quien recurrir cuando tengo problemas.

30. Procuro escuchar y conocer los intereses de los demás para tratar de conciliar mis objetivos con los del otro.

31. Me siento cómodo con distintos tipos de personas y no tiendo a prejuzgar las intenciones o sus apariencias.

32. Me siento capaz de afrontar los momentos difíciles confiando en mi capacidad de superación. ☐ ☐

33. Tengo habilidad para motivar a otros en el trabajo implicándolos en el proyecto. ☐ ☐

34. Me gusta apoyar a otros cuando tienen problemas. ☐ ☐

35. Soy capaz de ser eficaz en mi trabajo aunque esté bajo mucha presión. ☐ ☐

36. Me he hecho más fuerte y he mejorado a partir de experiencias difíciles. ☐ ☐

37. Hay veces que persigo el éxito personal por encima de los sentimientos de otras personas. ☐ ☐

38. Soy constante en buscar el equilibrio personal, familiar y laboral. ☐ ☐

39. En el trabajo me gusta establecer relaciones de amistad con compañeros y dedico tiempo a conocer sus circunstancias personales. ☐ ☐

40. Si pudiera cambiaría muchas cosas de mí mismo. ☐ ☐

41. Cuando alguien critica mi trabajo no tolero la frustración que me produce. ☐ ☐

42. Soy capaz de aguantar mi necesidad de desahogo si considero que ese no es el momento oportuno de hacerlo. ☐ ☐

43. Tengo amigos con los que puedo hablar y expresar mis sentimientos pidiéndoles ayuda cuando lo necesito. ☐ ☐

44. Cumplo siempre lo que prometo y no me dejo llevar con frecuencia por los impulsos del momento, aunque me desvíen de mi objetivo primero. ☐ ☐

45. Cuando supero una adversidad aprendo a mejorar con la experiencia aunque haya sido negativa. ☐ ☐

46. Me cuesta enfrentarme a las consecuencias que en el futuro pueda tener mi decisión actual. ☐ ☐

47. Me siento más capaz de hacer un gran esfuerzo un día que pequeños esfuerzos a diario. ☐ ☐

48. Sé responder sin agresividad cuando alguien ironiza o hace bromas sobre mí. ☐ ☐

49. Cuando algo sale mal me vence la tendencia de dar vueltas y buscar culpables en vez de resolver el problema cuanto antes. ☐ ☐

50. Siento que me falta tiempo y genero ansiedad por la tendencia a la procrastinación (dejar las tareas para más tarde). ☐ ☐

Puntuación total: ....

Resultados de la Escala de Resiliencia

Puede haber un porcentaje de personas que tengan genéticamente mayor capacidad para el afrontamiento, pero nuestra experiencia de más de una década de trabajo en el desarrollo de la resiliencia es que generalmente encontramos:

- Un 25 por ciento de personas más fuertes psicológicamente que la media.
- Un 25 por ciento más vulnerables que afrontan peor los retos.
- Un 50 por ciento como promedio que depende de la intensidad del estresor y de su situación personal en ese momento.

PLANTILLA DE CORRECCIÓN

Sumar 1 punto a cada respuesta verdadera excepto en los siguientes ítems: **6F, 21F, 24F, 25F, 29F, 37F, 40F, 41F, 46F, 47F, 49F, 50F,** que se suma un punto si la respuesta se ha marcado como falsa.

PUNTUACIÓN

PUNTUACIÓN BAJA

Una puntuación inferior a 25. Atención: es probable que le cueste adaptarse a los cambios y que las situaciones de incertidumbre le afecten significativamente. Esta puntuación baja indica que considera la vida como una lucha constante y le produce cansancio. No maneja bien la presión. No sabe aprender de las malas experiencias. Se siente herido cuando alguien le critica. A veces se siente desesperanzado. Si estas frases se adecuan a usted, pregúntese honradamente si le gustaría fortalecerse y aprender a manejar mejor la adversidad. Si su respuesta es afirmativa, una buena manera de empezar consiste en desarrollar habilidades para resistir. El hecho de que se encuentre motivado para mejorar la resiliencia es un signo positivo.

PUNTUACIÓN INTERMEDIA-BAJA

Una puntuación entre 25 y 32. Está en el promedio, pero si se inclina hacia 25 es vulnerable a los cambios, y requiere tiempo para afrontar las situaciones de crisis de forma correcta. En las autoevaluaciones es más frecuente que las personas se infravaloren a que se sobrevaloren, por lo que, si su puntuación está en ese promedio, tenemos que descubrir la validez de su percepción. En cualquier caso, necesitaría desarrollar nuevos recursos para llegar a convertirse en una persona más resiliente.

PUNTUACIÓN INTERMEDIA-ALTA

Una puntuación entre 33 y 40. Significa que está en el promedio y que posee muchas de las aptitudes de una persona resiliente. Aun así, puede que por diferentes circunstancias no haya sabido potenciarlas, pero debe poner en práctica competencias para tener más resiliencia cada día y modificar la percepción ante las adversidades sabiendo que forman parte de la vida.

PUNTUACIÓN ELEVADA

Una puntuación superior a 40 puntos. Significa que su resiliencia está por encima de la media y es capaz de enfrentar los cambios de manera productiva, porque aprende de ellos a fortalecerse. Se siente seguro para sortear las adversidades de la vida. Las personas aprenden de modelos de la vida real, y en el tema del desarrollo de la resiliencia está comprobado que tener un referente es necesario. Usted podría ser ese punto de apoyo para que otros desarrollen la confianza en sí mismos y la capacidad de afrontar la adversidad. Podría considerar si se sentiría cómodo asumiendo ese rol y poniéndose a disposición de otras personas.

UPP! Aplicación de Resiliencia

La aplicación móvil UPP!, diseñada por el Instituto Español de Resiliencia, propone conocer la vulnerabilidad para gestionar el futuro, añadiendo un índice de resiliencia tanto a nivel personal como en el entorno empresarial.

Incluye la versión abreviada de 50 ítems de la Escala de Resiliencia del IER, que permite descubrir el nivel de resiliencia en tan solo unos minutos y de forma precisa. La aplicación anima a conocerse y a afrontar las adversidades de la vida a través de testimonios de personas que han sabido volver a empezar.

La Responsabilidad Social Corporativa del Instituto Español de Resiliencia (IER) pone a disposición una aplicación móvil que se llama UPP!, que está diseñada para Android y su descarga es gratuita.

Surge de la voluntad de ayudar a las personas a desarrollar la resiliencia como prevención de la salud mental, ya que según la Organización Mundial de la Salud (OMS), la depresión es la principal causa de discapacidad laboral en el mundo, que afecta a 350 millones de personas y representa el 7 por ciento de la mortalidad prematura en Europa. El problema no es tanto lo que nos pasa, sino cómo responder ante cualquier circunstancia difícil de una forma inteligente y optimista. El IER apuesta por buscar solución mediante la resiliencia, un término que se aplica en neurociencia para describir la capacidad humana de afrontar las dificultades de la vida, superarlas y fortalecerse a través de ellas.

Esto es posible con la app UPP!, descargable en todo móvil con sistema operativo Android a través del enlace <https://resiliencia-ier.es/resiliencia-en-apps/> o del siguiente código QR:

Los objetivos son:

1. Medir los niveles de resiliencia objetivos que suelen diferir de los percibidos.

2. Obtener un informe sobre los puntos fuertes y débiles en las categorías de resiliencia.

3. Acompañar con modelos válidos de afrontamiento a la adversidad y dar pautas para el desarrollo de la resiliencia.

4. Integrar estas actividades en la vida cotidiana de los participantes.

5. Observar de manera autónoma la evolución del proceso de desarrollo.

Con la frecuencia que cada uno considere, de forma privada y no invasiva, volverán a realizar el test para poder observar la evolución en gráficas. De esta manera se hace el entrenamiento como si tuviera acompañamiento de un *coach* en el bolsillo sugiriendo actividades sencillas y haciendo un *tracking* de evolución.

Cuestionario sobre síntomas de ansiedad
Doctor Enrique Rojas

Instrucciones: conteste a las siguientes preguntas en relación con los síntomas que haya notado durante los ÚLTIMOS TRES MESES. Marque la columna NO si no se identifica con esta situación y, por el contrario, si percibe que le ocurre marque la columna SÍ y valore la intensidad: 0 (no existe), 1 (leve), 2 (moderada), 3 (marcada), 4 (muy marcada).

SÍNTOMAS FÍSICOS

	SÍ	NO	INT.
1. Tiene palpitaciones o taquicardias.	*	*	----
2. Se ruboriza o se pone pálido.	*	*	----
3. Le tiemblan las manos, los pies o el cuerpo en general.	*	*	----
4. Suda mucho.	*	*	----
5. Se le seca la boca.	*	*	----
6. Tiene tics o contracturas musculares automáticas.	*	*	----
7. Nota la falta de aire, dificultad para respirar, opresión torácica.	*	*	----
8. Tiene vértigos, sensación de inestabilidad, de que puede caerse.	*	*	----
9. Le cuesta quedarse dormido por las noches.	*	*	----
10. Tiene pesadillas.	*	*	----

11. Tiene ratos en que come excesivamente o incluso sin apetito.   *   *   ----

12. Ha notado un menor interés por la sexualidad.   *   *   ----

SÍNTOMAS PSÍQUICOS

SÍ NO INT.

13. Se nota inquieto, nervioso o desasosegado por dentro.   *   *   ----

14. Se siente como amenazado, incluso sin saber por qué.   *   *   ----

15. Tiene deseos de huir, marcharse a otro lugar, desconectar.   *   *   ----

16. Tiene fobias (temores exagerados a algún objeto o situación).   *   *   ----

17. Tiene miedos difusos, es decir, sin saber bien a qué.   *   *   ----

18. A veces es preso de temores o tiene ataques de pánico.   *   *   ----

19. Se nota muy inseguro de sí mismo.   *   *   ----

20. Nota cierta sensación de vacío interior.   *   *   ----

21. Está triste, meditabundo, melancólico.   *   *   ----

22. Teme perder el autocontrol en algún momento.   *   *   ----

23. Está asustado o le da mucho miedo la muerte.   *   *   ----

24. Está asustado pensando que se puede volver loco.   *   *   ----

25. Se nota muy cansado, sin intereses ni ganas de hacer nada.   *   *   ----

26. Le cuesta más que antes tomar decisiones.   *   *   ----

SÍNTOMAS DE CONDUCTA

SÍ   NO   INT.

27. Está siempre alerta o en guardia.   *   *   ----

28. Está irritable, excitable o responde exageradamente a los estímulos externos.   *   *   ----

29. Rinde menos en sus actividades habituales.   *   *   ----

30. Le resulta difícil o penoso realizar sus actividades habituales.   *   *   ----

31. Se mueve de un lado para otro, como agitado, sin motivo.   *   *   ----

32. Cambia mucho de postura, por ejemplo, cuando está sentado.   *   *   ----

33. Le ha cambiado la voz o ha notado altibajos.   *   *   ----

34. Se nota más torpe en sus movimientos o más rígido.   *   *   ----

35. Tiene más tensa la mandíbula.   *   *   ----

36. Juega mucho con objetos, necesita tener algo entre las manos.   *   *   ----

37. A veces se queda como bloqueado, sin saber qué hacer o decir.   *   *   ----

38. Le cuesta mucho realizar una actividad más intensa.   *   *   ----

218 LEVANTARSE Y LUCHAR

39. Muchas veces tiene la frente fruncida.   * * ----

40. Le irritan mucho los ruidos intensos o ines-   * *
perados.   ----

SÍNTOMAS COGNITIVOS

SÍ NO INT.

41. Le inquieta el futuro, lo ve todo negro, difí-   * *
cil, de forma pesimista.   ----

42. Piensa que tiene mala suerte y siempre la tendrá.   * * ----

43. Se concentra mal, con dificultad.   * * ----

44. Los demás dicen que no es justo en sus jui-   * *
cios y apreciaciones.   ----

45. Le parece que está muy despistado.   * * ----

46. Le cuesta recordar cosas recientes, como si le   * *
fallase la memoria.   ----

47. Le da muchas vueltas a las cosas.   * * ----

48. Todo le afecta negativamente, cualquier de-   * *
talle o noticia.   ----

49. Tiene ideas o pensamientos de los que no se   * *
puede librar.   ----

50. Se acuerda más de lo negativo que de lo po-   * *
sitivo.   ----

51. Le cuesta pensar, nota cierto bloqueo inte-   * *
lectual.   ----

52. Utiliza términos extremos: «inútil», «imposi-   * *
ble», «nunca», «jamás», «siempre».   ----

53. Hace juicios de valor sobre los demás, rígi-   * *
dos e intolerantes.   ----

54. Un pequeño detalle que sale mal le sirve para decir que todo es caótico.

       * *

          ----

55. Piensa que su vida no ha merecido la pena, que todo han sido injusticias o dolor.

       * *

SÍNTOMAS ASERTIVOS

SÍ NO INT.

56. A veces no sabe qué decir ante ciertas personas.

57. Le cuesta mucho iniciar una conversación personal.

58. Le resulta difícil presentarse a sí mismo en una reunión social.

59. Le cuesta mucho decir «no» o mostrarse en desacuerdo con algo.

60. Intenta agradar a todo el mundo y siempre sigue la corriente general.

61. Le resulta muy difícil hablar de temas generales o intrascendentes.

62. Se comporta con mucha rigidez, sin naturalidad, en la vida social.

63. Le resulta muy difícil hablar en público, formular y responder preguntas.

64. Prefiere claramente la soledad antes que estar con desconocidos.

65. Se nota muy pasivo o bloqueado en reuniones sociales.

66. Le cuesta expresar a los demás sus verdaderos sentimientos y opiniones.

67. Intenta dar en público una imagen de sí mismo distinta a la real.   *   *
                                                                                     ----

68. Está muy pendiente de lo que los demás opinen de usted.   *   *
                                                                                     ----

69. Prefiere pasar totalmente desapercibido en las reuniones sociales.   *   *
                                                                                     ----

70. Le resulta complicado terminar una conversación difícil o comprometida.   *   *
                                                                                     ----

71. Tiene o utiliza poco el sentido del humor ante situaciones de cierta tensión. * *

Esta escala permite discriminar la ansiedad en las cinco dimensiones donde se manifiestan los síntomas, por lo que ayuda a un tratamiento personalizado y muy eficaz. La corrección de cada apartado manifiesta el área más vulnerable para aplicar terapia psicológica. Los ítems que puntúen entre 3 y 4 deben ser tratados específicamente incidiendo sobre ellos.

PUNTUACIÓN OBTENIDA EN CADA DIMENSIÓN

20: banda normal.
20-30: ansiedad ligera.
30-40: ansiedad moderada.
40-50: ansiedad grave.
Más de 50: ansiedad muy grave.

Ebooks

¡Tú también puedes! La resiliencia se aprende

Primer libro publicado por el IER; en él se muestra la conexión entre triunfo y esfuerzo a través de las historias de superación física y personal de catorce deportistas españoles que han recibido el Premio Resiliencia del Instituto.

Mediante material interactivo y declaraciones de los ganadores en primera persona, el libro actúa como un auténtico manual de aprendizaje vital, en el que el deporte juega un papel fundamental como escuela de resiliencia. Como cuentan los catorce protagonistas, las medallas son solo el final de un camino lleno de esfuerzo, obstáculos y recaídas que nos ayuda a sacar el potencial que todos tenemos dentro.

Los testimonios del tenista Rafa Nadal y el patinador Javier Fernández, ganadores de la I y la II edición, respectivamente, del Premio Resiliencia, abren la sección de historias personales. Les siguen las de Álvaro Galán, David Casinos, Eva Moral, Álvaro Valera, Jairo Ruiz, Loida Zabala, Marta Arce, Sara Andrés, Ricardo Ten, Héctor Cabrera, Teresa Perales y Jon Santacana, todos ellos deportistas paralímpicos españoles y ganadores de la III Edición Premio Resiliencia.

Tanto para aquellos que estén atravesando una etapa difícil como para los que vean el presente de color de rosa, *¡Tú también puedes!* es una lectura práctica para la reflexión, el aprendizaje y la convicción de que tenemos una enorme capacidad para transformar la fragilidad en virtud.

Creer para crecer. La resiliencia se aprende

En él están recogidos los testimonios de los ganadores de la IV Edición Premio Resiliencia, quienes fueron premiados por su capacidad de superación ante la adversidad y por su actitud positiva en la vida. En esta edición se amplió el Premio a **cinco categorías**: **Salud**, **Sociedad**, **Deporte**, **Empresa** y **Educación**, ya que la resiliencia se considera una competencia transversal en cualquier ámbito de la sociedad.

Este segundo libro digital del IER actúa como un auténtico manual de aprendizaje vital, y cuenta con material interactivo y declaraciones de los ganadores en primera persona.

Cuenta con los testimonios de M.ª Cruz Rubio y Diego Barreno (Premio Resiliencia y Salud), padres de dos niños pequeños que padecen la enfermedad rara de Niemann-Pick, por sus años de lucha, actitud positiva ante el problema y su apoyo a otras familias que viven la misma situación; M.ª Carmen Villena (Premio Resiliencia y Educación), madre de dos hijos con discapacidad intelectual grave, directora de la Asociación Astor, desde donde contribuye a mejorar la calidad de vida de personas con discapacidad y la de sus familias; Eduardo Palomino (Premio Resiliencia y Empresa), su discapacidad auditiva no ha supuesto una barrera, es más, le sirvió de motivo para fundar Escucha Más y Cinco Sentidos, dos empresas dirigidas a la inclusión de personas con esta patología a través de propuestas y soluciones accesibles; Teresa Silva (Premio Resiliencia y Deporte), quien tras quedar en silla de ruedas siguió con la vela y el esquí adaptado y que, junto con su Fundación También, se ha convertido en una de las mayores promotoras de deporte adaptado en el país; e Irene Villa (Premio Resiliencia y Sociedad), espíritu de superación como víctima del terrorismo, quien a través de su trabajo como escritora, periodista y psicóloga contribuye a compartir un mensaje positivo de la vida, destacando que las adversidades pueden ser una oportunidad de crecimiento.

Tanto para aquellos que estén atravesando una etapa difícil como para los que vean el presente de forma optimista, *¡Creer para crecer!* es una lectura práctica para la reflexión, el aprendizaje y la convicción de que tenemos una enorme capacidad para transformar la fragilidad en virtud.

Supérate. La Resiliencia se aprende

Es el tercer libro digital del IER. Esta obra recoge los testimonios de los ganadores de la V Edición Premio Resiliencia. En esta edición se otorgó el Premio en seis categorías, ampliándose a las cinco existentes la de Resiliencia y Comunicación, ya que el IER está comprometido con la búsqueda de la verdad y, con este Premio, quiere reconocer el valor de la Resiliencia, que es necesaria para ser fuertes en el ejercicio profesional ante la manipulación o presiones a las que cualquier comunicador está expuesto.

Al igual que en los libros anteriores *¡Tú también puedes!* y *Creer para crecer*, que recogen los testimonios de los ganadores del Premio Resiliencia en las I, II y III Ediciones y la IV Edición, respectivamente, este libro digital es un manual de aprendizaje vital que, por nuestra experiencia, es la mejor forma de aprender Resiliencia. Lo presentamos tras la crisis provocada por la pandemia, e incluye la entrevista que hicimos al Dúo Dinámico, protagonistas de la canción «Resistiré», que sirvió de fuerza y apoyo a toda la sociedad en los momentos más críticos.

ABCDario de Resiliencia

«Tu cerebro, ese órgano de kilo y doscientos gramos donde nacen el amor y las ideas, la angustia, la ternura y esa habilidad para levantarse y seguir, ha sido diseñado para sobrevivir y ser feliz. La pregunta es: ¿cómo prepararlo? Con resiliencia.» Con esta cita comienza el *ABCDario de Resiliencia*, el cual reúne un puñado de ideas compartidas con la doctora Rafaela Santos, neuropsiquiatra y presidente del IER.

En él contamos con el testimonio de veintisiete personalidades, una por cada letra del abecedario, de muy diversos ámbitos y que consideramos referentes de resiliencia. Entre ellos, por ejemplo, deportistas como Vicente del Bosque, Toni Nadal, Javier Fernández, David Casinos o Theresa Zabell. Profesionales de la comunicación como Isabel Gemio, Irene Villa, Teresa Viejo o Mariló Montero. Y otros nombres como el catedrático Enrique Rojas o el empresario Fernando Riaño.

Puedes acceder al contenido de los ebooks aquí mencionados y descargarlos en el siguiente enlace o con el código QR:

<http://resiliencia-ier.es/libros-resiliencia>

Bibliografía

Adler, A., *Conocimiento del hombre*, Madrid, Espasa Calpe, 1950.

Aguado Romo, R., *Es emocionante saber emocionarse*, Madrid, EOS, 2015.

—, *El sentido de la vida,* Madrid, Espasa Calpe, 1966.

Allport, G. W., *Personalidad: interpretación psicológica*, Buenos Aires, Paidós, 1959.

—, *Estudio científico de la personalidad*, Buenos Aires, Paidós, 1966.

Alonso Fernández, F., *Formas actuales de neurosis*, Madrid, Pirámide, 1981.

Álvarez de Mon, S., *Desde la adversidad. Liderazgo, cuestión de carácter,* Madrid, Pearson Prentice Hall, 2003.

—, *Aprendiendo a perder. Las dos caras de la vida,* Barcelona, Plataforma Editorial, 2012.

—, *No soy Supermán,* Madrid, Pearson Prentice Hall, 2007.

—, *La lógica del corazón*, Barcelona, Ediciones Deusto, 2011.

—, *El mito del líder*, Madrid, Pearson, 2001.

—, *Con ganas, ganas,* Barcelona, Plataforma Editorial, 2010.

American Psychiatric Association, *DSM-IV-TR. Manual diagnóstico y estadístico de los trastornos mentales. Texto revisado,* Barcelona, Masson, 2002.

Aristóteles, *Ética a Nicómaco*, Madrid, Espasa Calpe, 1950.

Bandura, A., *Pensamiento y acción*, Barcelona, Martínez Roca, 1987.

Barudy, J., *Hijas e hijos de madres resilientes,* Barcelona, Editorial Gedisa, 2005.

—, *Los buenos tratos a la infancia*, Barcelona, Editorial Gedisa, 2006.

Beck, A. T., *Cognitive therapy of personality disorders*, Nueva York, Guilford, 1999.

—, y A. Freeman, *Cognitive therapy of personality disorders*, Nueva York, Guilford, 1990.

—, *et al.*, *Cognitive therapy of depression*, Nueva York, Guilford, 1979.

Bermúdez, J., *Psicología de la personalidad*, Madrid, UNED, 2000.

Cervera, S., F. Lahortiga y A. Blanco, «La personalidad en la enfermedad depresiva», *Revista de psiquiatría de la Facultad de Medicina de Barcelona*, 21 (1994), pp. 119-125.

Cloninger, C. R., *Tridimensional personality questionnaire*, Washington, Washington University, 1987.

Cyrulnik, B., *Los patitos feos. La resiliencia: una infancia infeliz no determina la vida*, Barcelona, Editorial Gedisa, 2002.

—, *El amor que nos cura*, Barcelona, Editorial Gedisa, 2005.

—, *Bajo el signo del vínculo*, Barcelona, Editorial Gedisa, 2005.

—, *Me acuerdo: el exilio de la infancia*, Barcelona, Editorial Gedisa, 2010.

—, *Autobiografía de un espantapájaros. Testimonios de resiliencia*, Barcelona, Editorial Gedisa, 2009.

Delay, J., y P. Pichot, *Manual de psicología*, Barcelona, Toray & Masson, 1969.

Dollard, J., y N. E. Miller, *Personality and psychotherapy*, McGraw-Hill, Nueva York, 1996. [Hay trad. cast.: *Personalidad y psicoterapia*, Bilbao, Desclée de Brouwer, 1996.]

Echeburúa, E., y P. Corral, *Manual de violencia familiar,* Madrid, Pirámide, 1988.

—, y P. J. Amor, «Evaluación del trastorno de estrés postraumático en víctimas de agresiones sexuales y de maltrato doméstico», en M. I. Hombrados, ed., *Estrés y salud*, Valencia, Editorial Promolibro, 1997.

—, B. Sarasua y I. Zubizarreta, «Estrés postraumático en excombatientes y víctimas de agresiones sexuales: nuevas perspectivas terapéuticas», *Boletín de Psicología*, 35 (1992), pp. 7-24.

Ellis, A., *Reason and emotion in psychotherapy*, Nueva York, Lyle Stuart, 1991.

Erikson, E. H., *Identity. Youth and crisis*, Nueva York, Norton, 1968.

Ey, H., P. Bernard y C. Brisset, *Tratado de psiquiatría*, Barcelona, Toray & Masson, 1969.

Fairbairn, W. R. D., «Schizoid factors in the personality», en Fairbairn, W. R. D., *Psychoanalytic studies of the personality*, Londres, Tavistock, 1952.

Fiamberti, A. M., «Proposta di una tecnica operatoria modificata e semplificata per gli interventi alla Moniz sui lobi prefrontali in malati di mente», *Rassegna di Studi Psiquiatrici*, 26 (1937), pp. 797-805.

Fierro, A., *Manual de psicología de la personalidad*, Barcelona, Paidós, 1996.

Frankl, V., *El hombre en busca de sentido*, Barcelona, Herder Editorial, 1979.

Fraser, R., *et al.*, «Unilateral and bilateral ECT in chronic depression», *Acta Psychiatrica Scandinavica*, suplemento (1990).

Freeman, W., y J. W. Watts, *Psychosurgery*, Springfield (Illinois), C.C. Thomas, 1950.

Freud, S., *Obras completas*, Madrid, Biblioteca Nueva, 1968.

—, *Inhibición, síntoma y angustia*, Madrid, Biblioteca Nueva, 1992.

Friedman, M. J., *Psychotherapy of borderline patients: the influence of theory on technique*, Nueva York, Aronson, 1992.

Fromm, E., *El miedo a la libertad*, Buenos Aires, Paidós, 1968.

—, *El arte de amar*, Barcelona, Paidós, 1986.

García Vega, L., y J. Moya, *Historia de la psicología*, Madrid, Siglo XXI, 1993.

González Pinto, A., M. Gutiérrez, y J. Escurra, *Trastorno bipolar*, Madrid, Aula Médica, 1999.

Goodwin, F. K., y K. R. Jamison, *Manic-depressive illness*, Oxford, Oxford University Press, 2001.

Gottman, J. M., *The seven principles for making marriage work,* Nueva York, University of Washington, 2000. [Hay trad. cast.: *Siete reglas de oro para vivir en pareja*, Barcelona, DeBolsillo, 2001.]

Gradillas, V., *Psicopatología descriptiva: signos, síntomas y rasgos,* Madrid, Pirámide, 1998.

Grinker, R. R., *The borderline patient,* Nueva York, Aronson, 1968.

Guénard, T., *Más fuerte que el odio,* Barcelona, Editorial Gedisa, 2010.

Henderson, D. K., *Psychopathic states,* Nueva York, W. Norton, 1939.

Heras, J. de las, *Conócete mejor,* Madrid, Espasa-Calpe, 1998.

—, *Viaje hacia uno mismo,* Madrid, Espasa-Calpe, 1997.

—, *Rebeldes con causa,* Madrid, Espasa-Calpe, 1999.

—, *Difíciles de amar,* Madrid, Espasa-Calpe, 2001.

—, *Conflictos de pareja,* Madrid, Espasa-Calpe, 2003.

—, *La sociedad neurótica de nuestro tiempo,* Madrid, Espasa-Calpe, 2005.

—, *Conoce tu personalidad. Por qué eres como eres,* Madrid, La Esfera de los Libros, 2010.

—, *Ya no sufro más,* Madrid, Espasa-Calpe, 2012.

Jung, C. G., *Les racines de la conscience,* París, Buchet/Chastel, 1991.

Kernberg, O. F., *Borderline conditions and pathological narcissism,* Nueva York, Aronson, 1975.

Kraepelin, E., *Psychiatrie,* Leipzig, Barth Verlag, 1915.

—, *Dementia praecox and Paraphrenia,* Edimburgo, Livingstone, 1919.

Kretschmer, E., *Constitución y carácter,* Barcelona, Labor, 1947.

Kuper, E., *Neurobiología y comorbilidad del trastorno de estrés postraumático: un paradigma dimensional desde la neuroplasticidad a la resiliencia,* Buenos Aires, Polemos, 2004.

Lazarus, R. S., *Emotion and adaptation,* Nueva York, Oxford University Press, 1991.

López Ibor, J. J., *Neurosis de guerra,* Barcelona-Madrid, Editorial Científico-Médica, 1942.

Manes, F., y Niro, M., *Usar el cerebro. Conocer nuestra mente para vivir mejor,* Barcelona, Paidós, 2015.

Maslow, A. H., *El hombre autorrealizado,* Barcelona, Kairós, 1991.

McKay, M., y P. Fanning, *Autoestima: evaluación y mejora,* Barcelona, Martínez Roca, 1999.

Millon, T., *Disorders of personality. DSM-III: Axis II,* Nueva York, Wiley, 1981.

—, *et al.,* *Millon index of personality styles manual (MIPS),* San Antonio, Psychological Corporation, 1994. [Hay trad. cast.: *MIPS, inventario de estilos de personalidad de Millon,* Madrid, Tea, 2001.]

—, *et al.,* *Trastornos de la personalidad,* Barcelona, Masson, 1998.

Ortega y Gasset, J., *Obras completas,* Madrid, Revista de Occidente, 1952.

Phillips, K. A., y J. G. Gunderson, *Human adaptation and its failures,* Nueva York, Academic Press, 2001.

Piaget, J., *The origins of intelligence in children,* Nueva York, International University Press, 1952.

—, «La evolución intelectual entre la adolescencia y la edad adulta», en J. Delval, *Lecturas de psicología del niño,* Madrid, Alianza Editorial, 1996.

Polaino, A., *Antropología e investigaciones en las ciencias humanas,* Madrid, Ediciones Palabra, 2009.

—, *Tipos de familia, conflictos con hijos adolescentes y terapia de familia,* Madrid, Unión Editorial, 2010.

—, *Fundamentos de Psicología de la Personalidad,* Barcelona, Ariel, 2004.

—, *En busca de la autoestima perdida,* Bilbao, Desclée de Brouwer, 2003.

—, A. M. Sobrino, y A. Rodriguez, *Adopción,* Barcelona, Ariel, 2001.

—, y I. Orjales, *Programas de intervención cognitivo-conductual para niños con déficit de atención con hiperactividad,* Madrid, Fundación Universitaria San Pablo CEU, 2012.

—, y J. de las Heras, *Cómo prevenir el consumo de drogas,* Madrid, Unión Editorial. 2010.

Rojas, E., *El amor inteligente,* Madrid, Temas de Hoy, 2008.

—, *Una teoría de la felicidad,* Madrid, Temas de Hoy, 1987.

—, *Adiós, depresión,* Madrid, Temas de Hoy, 2006.

—, *¿Quién eres?,* Madrid, Temas de Hoy, 2001.

—, *La ilusión de vivir,* Madrid, Temas de Hoy, 1998.

—, *La conquista de la voluntad,* Madrid, Temas de Hoy, 1994.

—, *No te rindas,* Madrid, Temas de Hoy, 2011.

Santos Rivas, R., *Mis Raíces. Familia, motor de Resiliencia,* Madrid, Ediciones Palabra, 2019.

Schneider, B. R., *Resiliencia: cómo construir empresas exitosas en contextos de inestabilidad,* Barcelona, Ediciones Granica, 2008.

Seligman, M. E., *Helplessness,* San Francisco, Freeman, 1975.

Selye, H., *The stress of life,* Nueva York, Van Nostrand Reinhold, 1979.

Skinner, B. F., *Science and human behavior,* Nueva York, MacMillan, 1998.

Slater, S., *Psychotic and neurotic illness in twins,* Londres, Series of the Medical Research Counsil, 1955.

Stenberg, R. J., *La sabiduría: su naturaleza, orígenes y desarrollo,* Bilbao, Desclée de Brouwer, 2000.

—, *Mas allá del cociente intelectual,* Bilbao, Desclée de Brouwer, 1990.

Stone, M. H., *The borderline syndromes: constitution, personality and adaptation,* Nueva York, McGraw-Hill, 1980.

Urra, J., *Fortalece a tu hijo,* Barcelona, Planeta, 2010.

—, *Fortalezas para afrontar los socavones de la vida,* Tesis doctoral, Universidad Complutense de Madrid, 2011.

Vallejo-Nájera, A., *Psicosis de guerra,* Madrid, Ediciones Morata, 1942.

Vallejo Ruiloba, J., *Psiquiatría,* Barcelona, Salvat, 1996.

Vázquez, C., y G. Hervás, *Psicología positiva aplicada,* Bilbao, Descleé de Brouwer, 2007.

Vera, B., B. Carbelo, y M. L. Vecina, «La experiencia traumática desde la psicología positiva: resiliencia y crecimiento postraumático», *Papeles del psicólogo,* 27, 1 (2006), pp. 40-49.

Villagrán, J. M., y R. Luque, «Psicopatología del *insight*», *Psiquiatría Biológica,* 7, 5 (2000), pp. 203-215.

Weisaeth, L., «Torture of a Norwegian ship's crew: the torture, stress reactions and psychiatric after-effects», *Acta Psychiatrica Scandinavica,* 80, suplemento 355 (1989), pp. 63-72.

Agradecimientos

El tiempo es como una manta pequeña: cuando estiras demasiado de un lado, destapas el otro extremo. Esto es lo que me ha sucedido con este libro, que ha salido a la luz después de muchas horas robadas a la noche, y algunas, a la consulta. En ese sentido tengo que agradecer a todo mi equipo de la Fundación Humanae su apoyo incondicional para que no se notara mi ausencia.

La realización de este proyecto ha sido para mí una experiencia única. Quiero dar las gracias, particularmente, a cada una de las personas que me han abierto su corazón para compartir su testimonio en la difícil tarea de hacer de este mundo un lugar más humano. Ellas nos muestran el camino hacia la salida y nos enseñan a no perder la esperanza en los momentos difíciles. Las hemos descubierto en toda su grandeza a lo largo de las páginas de este libro.

Quiero expresar mi gratitud en especial a la doctora Inmaculada Gilaberte, que tuvo la iniciativa de sugerir a Carlos Martínez, mi editor, que me propusiera embarcarme en esta trepidante aventura, sin cuyo estímulo no me habría puesto en movimiento; al doctor Enrique Rojas, por haber querido prologar este libro y plasmar el cariño y la amistad que nos une después de trabajar juntos tantos años en la psiquiatría, y al doctor José Antonio Cabranes por su generosidad al compartir conocimientos científicos que me enriquecen enormemente sin necesidad de recurrir a manuales, ya que su sabiduría acumulada es casi infinita.

También agradezco a Laura Martí su apoyo a la hora de seleccionar y compartir emocionalmente las entrevistas que aparecen en este libro. Llegó en el momento oportuno, después de aprobar sus oposiciones a fiscal, y se interesó por los testimonios de resiliencia —de esos «héroes y heroínas de carne y hueso», como los llama ella— con la misma pasión con la que se adentra en los avatares de la vida. Su entusiasmo me ha servido para mantener la motivación en los momentos de borrasca, cuando, por falta de tiempo, amenazaba con abandonar.

No puedo dejar de nombrar a Beatriz Lavilla, mi secretaria, que es la eficiencia en persona y siempre está disponible con su habitual sonrisa, y a Cristina González-Méndez, que, aun en la distancia, sigue apoyando nuestros proyectos y es un referente en el arte de gestionar la vida.

Me ha resultado muy difícil decidir entre todas las personas que he entrevistado para presentar la resiliencia en este libro, porque todas ellas me han enriquecido enormemente, pero las lógicas limitaciones de espacio me han llevado a buscar soluciones alternativas.

Toda la información la he volcado en la web del Instituto Español de Resiliencia (<www.resiliencia-ier.es>), para lo cual he creado el espacio «Súmate a la Resiliencia». Desde aquí animo a todos mis lectores a consultarla para profundizar en los testimonios de otras personas que nos ayudan a ser mejores.

Estoy especialmente agradecida a Lorenzo Servitje por abrirme las puertas de su casa y hacerme partícipe de sus confidencias, de las cuales he extraído sabios consejos, y a Bosco Gutiérrez, porque me transmitió la fuerza que lo impulsó a escapar de su cautiverio, así como a su esposa, Gaby, por su generosidad.

Tampoco puedo evitar mencionar el cariño y la admiración que siento por la tierra mexicana y la grandeza de sus gentes, tan cautivadoras que, cuando se las conoce por primera vez, no se desea otra cosa que regresar de nuevo a ese país. Por eso he querido que en este libro hubiera sangre española y mexicana, ambas unidas en mi corazón.

Como en otras ocasiones, reconozco que empecé a escribir este libro con la intención de ayudar a los demás, y he acabado recibiendo mucho más de lo que nunca habría imaginado.

Me gustaría agradecer a la editorial la oportunidad que me ha brindado de hacer una revisión a este libro con motivo de la pandemia mundial por COVID-19, para que sirva de apoyo a aquellas personas que están pasando momentos muy duros y que tanto lo necesitan. Esta ampliación ha sido una aventura, al igual que lo fue en 2013 cuando nació la obra.

Como en la ocasión anterior, no tengo palabras para describir el cariño y la cercanía de los protagonistas al realizar las entrevistas en este nuevo capítulo que he incorporado, «Y ahora… ¡una pandemia!». Ellos le dan el valor a cada palabra.

Gracias de corazón a Irene Villa, a quien me unen años de amistad, que al proponerle hacer el prólogo de mi libro se ilusionó tanto como yo.

Mi cariño, en estos momentos y siempre, a José Antonio Cabranes y Floren Hernando Trancho, mis médicos, colegas y grandes amigos, que en esta ocasión también han estado pendientes de mi contagio por COVID-19.

No me quiero despedir sin agradecer a mi familia y a todas aquellas personas, ellas saben quiénes son, que me acompañan en este camino de la vida; y por supuesto a todos los lectores que desde la distancia me transmiten su afecto. Gracias a todos por hacer, de la nuestra, una sociedad tan humana.